나만의 쉼표

이성숙 수필집

교음사

작가의 말

잃고 난 후에야 깨닫게 되는 소중한 것들
부모님이 그렇고 어영부영 보낸 세월이 그렇고
다 잃었다고 생각했는데
'책임과 의무'에 치여 사느라 상처투성이인 내가 보입니다.
제대로 표현하지 못하여 받았던 억울하고 속상했던 일들,
그로 인해 생겼던 오해와 서운함이 만든 마음의 생채기들,
지혜롭지 못해서 겪었던 지난날들을 책으로 엮었습니다.
한곳에 모아 놓고 보니
나를 아끼고 응원해 주는 사람들도 보입니다.

왜 이제야 보일까요.

소중한 것들은 진심으로 대할 때 비로소 보이는 법이니까요.

잃는 것이 있으면 얻는 것도 있다고

허송세월로 생각했던 지난날들이 조금은 위로가 됩니다.

이제부터는 내가 좋아하고

또 나를 믿고 사랑해 주는 사람들과

따뜻한 마음을 나누며 살고 싶습니다.

모두 모두 고맙습니다.

그리고, 사랑합니다.

2024. 6 이성숙

나만의 쉼표

‣ 차례

인연 … 14
순리 … 20
쓴소리 … 23
행복의 조건 … 26
고향 가는 길 … 30
수술 … 37
세탁기 … 45
법주사에서 … 50
특별한 여행 … 55
보고 싶다 친구야 … 62
떠날 때는 말 없이 … 68
소나기 … 73
붕어빵 … 78
잊고 있던 고향을 찾아서 … 83
동반자 … 88
가을입니다 … 92

모토 … 97
용서와 화해 … 102
변명 … 110
사랑이 뭐길래 … 116
삶의 덤 … 121
언젠가는 … 127
자리(席) … 132
회자정리(會者定離) … 137
감기 유감 … 143
나만의 쉼표 … 147
골프 … 153
봄날은 간다 … 159
어머니 … 165
이별 준비 … 171
밥심 … 178
유구무언 … 182

내 고향은 충청도예유 … 185
소신(所信) … 192
착각의 자유 … 195
화풀이 … 199
사랑은 … 202
감정의 유효기간 … 205
내가 젖을 수밖에 … 210
아버지의 위상 … 216
악연 … 222
열정 … 229
그럼에도 불구하고 … 235
윙크 … 237
벤자민 버튼의 시간은 거꾸로 간다 … 241
말의 위력 … 246

딸의 편지 … 252

나만의 쉼표

인연

복지관에서 누군가의 손길이 필요한 가정이 있으니 봉사해 주시겠냐며 전화를 했다. 일단 가 보고 결정하겠다며 함께 방문할 날짜를 정하고 나니 그래도 새로운 인연에 설렌다.

삐죽이 열려있는 현관문을 밀며 복지사가 그녀를 불렀다. 헝클어진 머리카락, 멍한 눈, 어눌한 말투에서 첫눈에도 정상인이 아닌 표시가 나는 그녀가 어색한 웃음을 지으며 현관으로 나왔다. 방 안에는 그녀의 남동생이 퀭한 눈을 하고 텔레비전 앞에 딱 붙어 앉아 있고, 그나마 반가운 얼굴로 우리를 맞아준 그녀의 아버지는 야위어서 뼈만 앙상했다.

현관을 들어서며 방 안을 슬쩍 둘러보니 엉망이다. 집 안 곳곳을 누비는 바퀴벌레, 여기저기에 나뒹구는 약봉지, 분유통에 가득 담긴 담배꽁초, 한쪽 문이 찌그러진 장롱 앞에 색깔이 바랜 채 널브러져 있는 이불, 먹다 흘린 과자 부스러기는 발을 디딜 때마다 내 발바닥에 달라붙었다.

삼십 대 중반인 그녀는 대여섯 살 수준에서 지적 성장이 멈추어 버린 지적장애 2급 장애인이다. 집안일을 스스로 할 줄 아는 것이 없는 그녀가, 한창 말을 배우고 사회성 교육이 있어야 하는 돌 지난 아들을 키우고 있다니 급체를 한 듯 답답해졌다. 무슨 말을 해야 할까 엉킨 실타래 같은 머릿속을 정리하며 앉으니 엄마 무릎에 있는 아기가 나를 빤히 쳐다보며 웃는다.

천사 같은 얼굴로 나를 보고 웃어주던 아기에게 반해 그녀와 인연을 맺었다. 일주일에 한 번씩 그녀 집에 가서 세탁기 사용하는 법, 밥하고 설거지하는 법 등 집안일을 가르치기로 했다. 몇 달을 가르쳐도 그녀는 살림에는 통 관심이 없다. 나의 잔소리는 늘어만 가는데 그녀는 나에게 응석을 부리듯 수다만 떨어댔다. 아기를 생각하면 하루가 급하지만, 엄마에게 혼나고도 금방 풀어지는 아이 같은 그녀가 언제인가는 좋은 엄마가 되고 혼자서도 살림을 잘하게 되겠지, 가

랑비에 옷 젖듯 모든 일에 서서히 관심을 둘 것이라 믿으며 조급했던 마음을 접었다.

텔레비전 앞에 있는 영아수첩이 눈에 띄었다. 그래도 엄마라고 예방접종은 했나보다, 깨알 같은 희망을 발견하고 들여다보니 간염(생후 1주), BCG(생후 4주), DPT, 소아마비(생후 2개월)밖에 접종을 안 했다. 무심한 엄마라며 눈을 흘겨도 그녀는 웃기만 했다. 죽은 바퀴벌레가 들어있는 우유병에 분유를 타서 먹인 무지한 엄마 때문에 작년에 두 번이나 입원했다던 아기는 보건소의 건물을 보고노 병원인 줄 알고 울기 시작했다. 주차장에 차를 세우고 우는 아이를 받아 안았다. 괜찮다고, 주사 맞으며 아파야지 건강하게 자랄 수 있다고 내 아이들을 키울 때처럼 꼭 안고 안심을 시키니 아이가 울음을 그쳤다. 여러 번 밀린 예방접종 탓에 양팔에 주사를 맞았다. 아프기도 했지만, 양쪽에 맞은 것이 서러운지 아기는 엄마 품에 안겨서도 계속 울었다. 위로는 고사하고 같이 우는 것으로 아기의 고통을 함께하는 그녀를 보니, 철이 들기도 전에 엄마를 챙기며 살아야 하는 돌 지난 아기가 안쓰러워 가슴 한쪽이 시려 왔다. 그래도 이 순간에는 엄마가 세상에서 제일 좋은 사람일 테니 그나마 다행이라고 해야 할까.

어릴 때 앞집에 살던 친구가 있다. 친정에 가서도 얼굴은 못 보지만 어떻게 사는지 소식은 가끔 들었는데, 그 친구가 낳은 셋째 아이가 장애가 있어 안타깝다는 소식을 접했다. 어려서부터 지금까지 성실하고 예의 바르다고 동네 어르신들의 칭찬이 자자한 친구인데 궁금도 하고 보고 싶기도 하여 친정에 갔다가 전화를 했다. 퇴근하고 저녁이나 같이하자며 만나서는 어릴 적 이야기와 친구들의 소식을 주고받다가 조심스럽게 아이의 안부를 물었다.

나의 염려와는 달리 밝은 얼굴로 세상에서 제일 예쁜 아이라며 이야기를 시작했다. 처음 의사에게 그 아이가 다운증후군이라는 이야기를 들었을 때는 멱살을 잡고 분노를 터뜨렸고, 남에게 못 할 짓 한 적 없이 열심히 살아온 내게 이런 시련을 주냐며 세상을 원망도 했었는데 지금은 그 아이 덕분에 웃고 산다고 했다. 월급이며 틈틈이 농사일해서 버는 돈으로 세 아이 뒷바라지는 물론 저축까지 하면서 산다는 친구는 그래도 그놈이 넉넉한 나한테 와서 병원이라도 맘 놓고 다닐 수 있으니 얼마나 고마운지, 그리고 다행인지 모르겠다며 너털웃음을 지었다. 부모를 골라서 태어날 수는 없지만 이렇게 멋진 아빠를 만난 그 녀석이 부럽다며 멋쩍게 위로하니 친구가 내 어깨를 툭 치며 너도 행복해 보여 좋다며 웃었다.

 그녀의 아기가 어른이 된 먼 훗날, 위로는 고사하고 괜찮다는 말 한마디도 해 주지 않았다고, 왜 내가 철없는 엄마 때문에 평생을 고통 속에 살아야 하냐고, 부모와 세상에 원망이나 하지 않을지 모르겠다. 그래도 아기의 밝은 얼굴과 아기를 안고 행복해하는 그녀의 맑은 눈을 보면서, 평생을 아픔으로 가슴에 품고 살아야 할 자식을 불행하다기보다 나에게 와 주어서 고맙다는 친구를 보듯 희망을 본다.

 한 번만 스쳐도 인연이라는 옷깃을, 익겁을 거쳐 부모와 자식으로 만났으니 어떤 일도 운명으로 받아들이며 서로를 위하고 아끼며 그녀와 아들이 잘살아가리라 믿어 본다.

 평생을 분신처럼 보듬어야 할 사람이지만 엄마가 있어서 행복했다고 아기가 그녀에게 말해 줄 줄 아는 멋진 사나이로 자랄 때까지 우리의 인연도 계속되었으면 좋겠다.

순리

　가스레인지 한 구가 말썽이다. 몇 번이나 돈 들여서 고친 것을 잊고 또 사달을 냈다. 보일 듯 말 듯한 화력에 할 요리가 없어 업신여겼는데 날씨가 추워지니 구운 고구마가 생각이 났다. 직화 냄비에 큰 고구마 네 개를 씻어서 올려놓고 딴 일을 했다. 몇 시간이 지나 궁금해서 열어보니 한쪽이 잘 익어 달콤한 향기까지 풍긴다. 뒤집어 놓고 한참 후 다시 들여다보니 다 익어서는 끈적한 단물까지 나와 있다. 쓸모가 없다고 내버려 뒀던 것에서 완벽한 음식이 탄생되고, 본래 모습이 사라졌다고 무시했던 내가 우스워진 순간이다.

　남들은 나를 보고 못 하는 것이 없다며 칭찬을 한다. 그럴 때마다 과찬이라며 웃어넘기지만, 세상에 그저 되는 일이 어디 있을까.
　어려서는 새해만 되면 계획만 거창했지 제대로 해 본 적이 없다. 요령이 없어서 어떻게 하는 줄도 모르고 때가 되면 저절로 알게 되는 줄 알았다. 노력도 하지 않고 좋은 날만 기다리는 내게 아버지가 그랬다. 작은 빛으로나마 세상을 밝히는 촛불 같은 사람이 되라고. 달나라 여행을 가게 될 세상에 뭔 촛불, 그때는 아버지의 가르침을 몰랐다.
　어른이 되면 무슨 일이든 단번에 잘할 수 있을 줄 알았다. 사랑하며 살아도 늘 버거운 것이 삶인 것도 그때는 몰랐었다.

　좋은 습관 들이기와 남다른 무엇인가를 찾기 위해 열심히 노력했다. 보이는 부분보다 내면에 충실히 하고자 또 부단히 애를 썼다. 사는 것이 힘들어도 기죽지 말고 주어진 환경을 탓하지 말고 나답게 열심히 살아가기를 바랐던 아버지의 말씀이, 누군가에게 잘한다는 칭찬을 들을 때마다 헛되지 않아서 참 다행이라는 생각을 한다.

　버겁다고 포기하지 않고 남들의 이목에 신경 쓰지 말고 찌개의 맛을 더 깊어지게 하는 약한 화력처럼 꾸준히 한 덕에 나도 잘 익어가고 있음이리라.

　준비된 자만이 잘할 수 있는 이치, 그것이 진정한 순리라고 나는 믿는다.

쓴소리

텔레비전을 켜니 한 치 앞도 보이지 않는 화재 현장에 뛰어들어 거동이 불편한 노인을 안고 나오는 젊은 소방관의 모습이 방송 중이다. 내 할 일을 당연히 했을 뿐이라는 인터뷰 내용의 자막이 오늘따라 크게 보이고 가슴에 와닿는다.

내가 해야 할 당연한 일을 나는 얼마나 하면서 살까. 용기가 없어서, 무서워서, 혹은 몰라서라는 핑계를 대며 나를 합리화하고 용기 있는 행동은 대단한 누군가가 하는 일로 미리 선을 긋고 살고 있지는 않은지 생각이 꼬리를 문다.

세월과 함께 많은 것들이 변했다. 손으로 하던 사소한 것들도 기계화되면서 사람들의 사고도 달라졌다. 살기는 좋아

지고 지식인들은 넘치는데 국민 행복지수[1]는 세계에서 하위다. '우리'가 없어지고 '나'만 남더니 책임과 의무는 접어두고 권리만 주장한다. 어디에서나 목소리 큰 사람이 이기고, 죄를 짓고도 교묘하게 법망을 빠져나간 후안무치가, 많은 것을 누리는 아이러니가 지천이다. 원칙을 고수하면 꼰대 취급을 하고 상식을 운운하면 라떼 타령을 한다며 젊은이들은 손사래를 치고, 모두가 힘들고 귀찮은 일에는 눈감고 귀 막으면서 조금만 불편하고 불이익이 생기면 세상과 남 탓을 해댄다. 제 잘못에는 후하면서 남의 잘잘못에는 쌍심지를 켜는 이들에게 각자가 해야 할 당연한 일은 무엇일까.

위기의 순간에 상황을 파악하고 행동에 옮기기까지 걸리는 시간이 2초라 했다. 침 한번 꿀꺽 삼킬 시간에 어떤 이는 대단한 사람이 되어 모두에게 칭찬을 받고 또 누군가는 방관자로 원망을 받으며 평생을 죄책감에 사로잡혀 살 수도 있겠다는 생각에 미치니 순간에 신중해진다.

남들처럼 대단한 일을 못 한다고 기죽을 필요는 없지만, 내 할 일도 제대로 못 하고 살면서 누구를 꼬집을까. 예쁜 여배우의 목소리가 귓가에 들리는 듯하다.

"너나 잘하세요."

---

[1] OECD 국가 38개국 중 35위(2023년)

행복의 조건

오랜만에 전화한 소꿉친구가 대화 중에 자꾸 웃는 나를 보고 사는 것이 재미있냐고 묻는다. 세상이 어수선하여 웃을 일이 없는데 너의 안부가 반갑고 고마워 자꾸 웃음이 난다고 하니 별일이라며 따라 웃는다.

코로나로 비대면 생활이 길어지니 특별한 일보다 지극히 평범했던 지난날이 그립다. 마음만 먹으면 언제든지 보고 싶은 사람들과 따뜻한 차 한잔 마시며 수다를 즐기고, 계절마다 핑계 만들어 일상 탈출을 벗 삼았던 지난날들이 아득해서 꿈을 꿈 것만 같다.

젊어서는 큰 집에서 멋진 옷을 입고 좋은 차를 타고 다니는 것이 행복인 줄 알았다. 남들보다 더 많이 가져서 호사를 누리는 것이 성공이라 믿었고, 돈만 있으면 무엇이든 다 할 수 있는 세상이라고 말을 했었다. 억척 떨며 열심히 산 덕에 주머니는 두둑해져 즐길 일만 남았는데, 개발을 핑계로 자연을 훼손하고, 선진국으로 가는 길이라는 허울 좋은 명목으로 온갖 기계들을 만들어 공해에 찌들게 하고, 나만 잘살면 된다는 이기주의가 팽배해지더니 부모와 자식 간에도 제대로 못 보고 사는 고통을 받고 있다. 마땅하다고 생각은 하면서도 끝이 안 보이니 답답한 마음, 하소연할 때도 없다.

모두에게 똑같은 하루가 주어지고 편히 쉴 수 있는 집에서 똑같이 세 끼를 먹으며 산다. 생활에 필요한 것들도 많고 적은 차이가 있을 뿐 다 갖고 사는데 누구는 하루하루가 행복해서 웃고 혹자는 웃으면 행복해질까 요행을 바라며 산다.

친구를 만나 맛있는 것을 사 먹을 수도 없고 보니 돈도 필요 없고, 나들이도 제대로 못 하게 되니 좋은 옷과 큰 차도 소용이 없다. 다행히 내가 가진 것에 만족할 줄 알고, 잘살고 있는지 관심과 사랑을 주는 사람들이 주변에 많으니 어찌 웃지 않을 수 있을까.

철이 들어보니 친구의 안부 전화 한 통이 돈보다 좋고 지인들의 보고 싶다는 말 한마디는 크고 좋은 차보다 훨씬 더 나를 행복하게 한다.

웃자, 웃자 그리고 또 웃자. 철없던 시절 좌우명이었던 말이 오늘에서야 빛을 발한다.

고향 가는 길

면 소재지에서 고향 집으로 가는 길을 남편과 걸어보기는 처음이다.

언제라도 찾아가면 웃으며 반겨주던 부모님은 고인이 되었지만 갈 곳이 있어 슬프지 않고, 텅 빈 거실에 커피 믹서와 물 끓일 전기 포터가 그들 대신 반겨주니 외롭지도 않다. 아직은 그들의 숨결이 곳곳에 남아있어 마음이 따뜻해지고 어릴 적 추억이 산처럼 쌓여있고 강물처럼 흐르는 곳. 다시는 돌아갈 수 없는 시간 들이 가득하여 그리움이 모락모락 피어나는 곳. 내딛는 발자국마다 보고 싶은 얼굴이 발끝에 와닿고, 눈이 시릴 만큼 파란 하늘이 편안함을 자아내는 곳, 그 길을 3월의 마지막 날에 사랑하는 사람의 손을 잡고 걷고 있다.

슬플 때나 힘들 때 고향을 떠올리면 위로가 되고, 지명만 보아도 힘이 솟고 고향의 명물이라도 방송에서 만나는 날에는 종일을 행복해하며 보내게 된다. 지금은 다 떠났어도 유년의 내 기억 속에 지렁이를 보고도 눈물 바람이던 금숙이가 있고, 밤마다 창고 앞마당에 모여 기타를 치며 노래를 하던 동네 오빠들의 젊음이 있고, 눈만 감으면 뒷동산에서 숨바꼭질하며 뛰어다니던 벗들의 얼굴이 떠올라 소나무에 매달려 바람에 살랑대던 빈 그네를 만난 듯 기분이 좋아진다.

길가에 핀 작은 들꽃들도 내 눈에는 가장 화려하고 향기롭다. 이름도 모르는 풀 한 포기도 정겨워 자꾸만 눈길을 주게 되는 고향 길목은 내 잠재된 모든 것들이기에 더없이 좋다. 지난겨울의 혹한에 엄지손톱만 하게 작아진 탱자가 나무에 대롱대롱 매달려 가슴앓이를 하고 있다. 북풍한설과 강추위에 얼어 터졌을 법도 하건만 굳건히 매달려 자기 색을 잃지 않으려 봄볕에 얼굴을 씻고 있다. 너도 힘들었겠다. 함께 태어나 바람에 날아가 버린 형제들도 그립고 폭우에 떨어져 한 줌 흙이 되어버린 자매도 보고 싶고 외로움에 얼마나 많은 날을 떨었을까 자꾸만 눈길이 간다.

명절이나 부모님 생신 때면 해치울 일거리처럼 승용차 타고 쌩하니 왔다가 휑하니 달아났던 그 길, 그때는 무관심 했던 모든 생물에게 미안함을 무마하려는 듯이 일일이 눈을 맞추며 인사를 한다. 화답이라도 하듯 한들대면 그들 속에서 그리운 이들을 보는 듯이 마음 편하고 좋아서 자꾸만 걸음이 더뎌진다.

부모님이 밭에 오가고 읍내에 갈 때도 뜨거운 햇볕을 머리에 이고 수없이 다녔을 이 길, 눈이며 비인들 피할 수 있었을까. 그래도 자식들 생각하며 힘든 줄도 모르고 한걸음에 오가고 아픈 다리 이끌고 폐유모차에 몸을 지탱하며 갖가지 것을 실어 날랐을 이 길, 찌는 무더위를 온몸으로 받으며 콩밭 매고 도라지밭에 풀 뽑고는 고단한 몸을 쉬러 가면서도 뿌듯한 피곤함에 차라리 행복을 느꼈을 이 길, 자식들의 고향 나들이 소식에 떡쌀을 이고 또 얼마나 많이 오가며 웃음을 지었을까. 초봄에 연한 쑥 뜯어 삶아서 냉동실에 얼려놓고 자식들이 올 때마다 봄 향기 가득한 쑥떡을 해 놓고 노란 콩고물 묻혀 자꾸만 먹으라며 썰어주던 당신 모습이 텅 빈 하늘을 채운다.

평생을 자식들 걱정으로 애면글면 사시고는 당신들 병시중으로 우리가 힘들까 봐 며칠만 누워 계시다가 홀연히 가신 부모님을 생로병사의 이치로 받아들였던 내가 오십일 사이로 천애 고아가 되었으니 이것이야말로 천벌이 아니고 무엇이랴.

 북적대던 자식들이 다 떠나고 텅 빈 거실에서 두 분이 느꼈을 적막함을 한 번이라도 생각했었다면, 이처럼 보고 싶고 그립다는 말에 가슴이 미어지지는 않았을 길을 오늘은 먹먹해진 가슴을 쓸어내리며 조용히 걷고 있다. 가녀린 모습으로 한들거리는 냉이꽃이며 씀바귀꽃이 어린 내 모습을 보는 듯하다. 다섯 번째 딸로 태어나 엄마 짖 한번을 제대로 못 먹고 자라서 약하다며 안쓰러워하시더니….

 바쁜 농사철에 집안일 도울 생각은 않고 시내에 나가서 며칠을 실컷 놀다가, 길게 땋고 다녔던 머리카락을 싹둑 자르고 집에 오는 이 길 중간쯤에서 아버지를 만난 순간, 당신의 막내딸인 줄도 모르고 지나칠 뻔했던 아버지의 놀란 표정이 지금도 선하다. 잔뜩 겁먹은 얼굴을 하고 서 있는 나를 보며 이제 오냐고 다정하게 말 건네줄 때 아버지의 깊은 사랑이 느껴져 콧등이 찡했었다.

 말보다 행동으로 마음을 표현하며 늘 생글대는 막내 사위가 든든하다며 흐뭇해하시더니 이렇게 나란히 손잡고 오니 우리 엄마 맨발로 나와서 반기겠네, 마당 가장자리에 심어놓은 파 한 뿌리 뽑고 풋고추 몇 개 따고 애호박 이쁜 놈으로 골라 따서 엄마표 된장찌개 끓여야지. 아버지 닮아서 입바른 소리 잘하는 딸내미 걱정도 되지만 가끔 불쑥 찾아와서는 밤늦게까지 말벗해 드리며 살갑게 굴어주니 오늘 밤도 몇 달 묵혔던 이야기보따리 풀어야지.

맨발로 안 반겨도 좋고 팥쥐 엄마처럼 구박해도 좋으니 엄마 얼굴 한 번이라도 볼 수 있으면 얼마나 좋을까, 아니 작별 인사라도 제대로 하게 잠깐이라도 얼굴 보여주면 안 될까. 그것도 아니면 엄마에게 억지 부리고 떼쓰고 힘들게 했던 일들 잘못을 빌 시간이라도….

고향 가는 길 끝자락 언덕배기 넓은 밭에, 나란히 누워 계시는 부모님 산소 앞에 서니 참았던 눈물이 결국은 뚝뚝 떨어진다.

수술

 올림픽 대교의 가로등이 하나둘 켜지고 밤은 깊어만 간다. 별과 함께 반짝이는 강변 불빛을 바라보다 진통제를 맞고 오랜만에 단잠을 자는 남편의 얼굴을 물끄러미 쳐다본다.
 결혼 후에 알게 된 남편의 심장판막증, 언제인가는 해야 할 수술이지만 별다른 증상이 없어서 미루다가 하게 된 수술, 의술이 좋아져서 로봇수술을 하기로 했지만, 심장이다 보니 걱정이 태산이다.
 수술하기 전 동의서 작성을 위해 만난 의사는 남편의 심장판막의 끈이 끊어져 있어 피가 역류하고 있다고 했다. 다행히 판막은 괜찮아서 끈만 이어주면 된다고 했지만, 수술

하는 동안에는 기계로 온몸에 피를 돌게 할 것이라 했고 수술을 하고도 제 기능을 하는지 실험을 해봐야 끝난다고 했다. 수술할 부위를 보아 검사 때와 다르거나 수술 후의 결과에 따라 새로운 방법으로 시술을 할 수도 있고, 로봇의 손이 들어갈 자리를 확보하기 위해 폐를 일시적으로 작게 만들어야 하며, 신경이 많은 옆구리, 겨드랑이, 사타구니 등에 3~4cm로 몇 개의 구멍을 내야 하니 수술 후에 몹시 아플 것이라며 남편을 긴장하게 했다. 수술 후에 올 폐렴, 패혈증, 염증 등 심하면 사망에 이르게 하는 후유증에 관한 설명을 할 때는 온몸에 소름이 돋았다. 동의서에 서명하고 병실로 돌아온 그 날 밤에는 창밖에 보이는 모든 것들이 제대로 보이지를 않았다.

아침 일찍 하기로 되어 있던 수술 순서가 바뀌어 늦은 오후에 수술실로 들어갔다. 수술실로 가기 위해 침대에 오르며 안경을 벗어 건네는 남편에게 수술실 앞에 가서 받겠다며 다시 건네다 말고 차라리 아무것도 보이지 않으면 두려움도 덜할까 싶어 가방 깊숙한 곳에 넣었다. 수술실이 가까워지자 나의 심장이 터질 것 같이 방망이질을 해댔다. 목을 누르는 온갖 것들이 말문을 막는데 환자를 이송하던 직원이 격려의 말 한마디 하라며 밀고 가던 침대를 멈추었다.

남편의 손을 잡으며 아무 생각 말고 한숨 푹 자라고 말을 하면서도 그 순간에는 무슨 말이 위로가 될까 머릿속이 복잡하고 정신이 없었다.

수술실로 들어가고 30분 후, 수술이 시작되었다는 문자가 왔다. 수술을 받는 동안 내 잘못도 남편 탓으로 돌리고 사소한 것에도 민감하게 굴며 힘들게 했던 지난날들이 떠올랐다. 수술이 잘못될까 두려움과 함께 모든 것을 내 맘대로 하며 속상하게 했던 것들이 나를 괴롭혔다.

여섯 시간 걸릴 것이라던 수술이 생각보다 빨리 끝났다. 중환자실로 옮겨진 남편은 의식이 없어 말은 못 해도 수술 부위 여기저기에 꽂혀있는 호스들이 고통을 대신 말해 주는데 그 모습을 본 딸아이가 중환자실을 나오며 눈물을 훔쳤다. 무사함을 확인하고 나니 늘 어깨를 짓누르던 숙제를 끝낸 것 같아 마음이 가벼워졌다.

한 시간 반 만에 의식을 찾은 남편을 만나러 다시 들어간 중환자실, 숨 쉬는 것도 버거워하며 누워 있었다. 손을 잡으며 부르니 눈을 감은 채로 내 손을 꼭 잡았다. 안도의 한숨과 함께 눈물이 핑 도는데 힘들게 눈을 뜨더니 눈물을 글썽였다. 수술은 잘 되었다고, 수고했다고, 조금만 더 참으라고…. 깨어나면 해 주고 싶었던 말들을 두서없이 해대니

고개를 연신 끄덕였다. 간호사가 오늘 저녁이 고비라며 한 시간만 밖에서 대기하고 있다가 집으로 가라고 했다.

간호사의 말이 저승사자 되어 나타날까, 뜬눈으로 밤을 새우고 담당 의사와의 면담을 위해 새벽에 집을 나섰다. 자동차의 시동과 함께 참았던 눈물이 쏟아졌다. 부부로 살아온 많은 날, 나는 힘들 때마다 남편에게 위로받으며 살았는데, 대수술하기 전날까지 누가 환자인지 모를 정도로 겁먹은 얼굴로 엄마의 치맛자락을 붙잡고 다니는 아이처럼 내가 굴었으니 얼마나 마음 불편하였을까.

미안하기도 하고 나 자신이 한심스러워 자꾸만 눈물이 났다. 눈물로 자책하고 한결 가벼워진 마음으로 고통과 씨름하고 있을 남편을 찾아간 중환자실, 호흡기를 떼고 조금은 편안해진 모습으로 나를 맞았다. 수술한 의사도 검사를 통해 추측했던 것과 별 차이가 없어서 수술은 빨리 끝났고 환자의 의지가 강해 회복도 빠르다며 후유증만 조심하면 며칠 내로 퇴원도 할 수 있을 것이라며 빨개진 나의 눈을 보며 위로의 말을 했다. 안도의 한숨과 함께 온몸에 힘이 쫙 빠졌다.

오전에 수술한 사람보다 빨리 일반 병실로 올라왔다. 보지는 않아도 조금만 더 힘내라는 나의 말에 살짝만 움직여도 수술 부위에 꽂혀있는 호스들이 고통을 더해주는데도 참으며 기침을 하고 피고름을 뱉어냈을 것이다. 숨을 쉬기도 벅찬 고통이지만 이를 악물고 복식호흡을 하고 폐활량에 도움을 주는 기구를 불며 언제나처럼 자신이야 어떻든 나와 아이들을 생각하며 소태같은 죽도 남기지 않고 다 삼켰을 것이다.

며칠이 지나고 회복이 빨라서 좋아했는데 잘하던 식사도 못 하고 누워지내는 시간이 많아졌다. 시키지 않아도 수술 부위에서 나오는 이물질 통을 들고 열심이던 운동도 마다하고 누우려고만 했다. 진통제를 찾으며 나와는 눈도 맞추질 않았다. 식은땀을 비 오듯 흘리고 밤에는 자는 시간보다 아픔과 씨름하는 시간이 더 많았다. 허리에서 어깨로 옆구리로…. 아픈 부위가 전신을 옮겨 다닌다 했다.

수술 후에는 한바탕 고통과 싸워야 한다는 말밖에 해 줄 수 없는 나 자신이 그렇게 한심할 수가 없었다. 휘황찬란하게 빛나는 야경과 남편의 초췌해진 얼굴을 번갈아 보며 그렇게 또 몇 날 밤을 보냈다. 피곤하지도 배고프지도 않던 나날, 어둠이 진정 두렵던 날들로 인해 아침이 더 밝고 환하게 느껴지는 것일까.

내일이면 퇴원을 한다. 삶의 무게처럼 매달려 힘들게 하던 호스들이 시간의 흐름에 하나씩 제거되고 진통제도 저녁에 한 번 맞는 것으로 줄었다. 일상의 고통에서 벗어나듯 진통제를 끊고 난 후부터 낮잠까지 자고 난 몸은 조금씩 좋아지고 있었다. 가끔은 악몽을 꾸고 난 사람처럼 온몸이 아프다고 하소연을 했지만, 한동안 수술대 위에서 몸부림치는 꿈을 꿀 것이다. 집에 가기 전에 한 대만 하며 맞은 진통제 덕에 단잠을 자는 남편을 보고 있으니 한없이 나약한 인간의 참모습을 보는 것 같아 마음이 짠하다.

수술하기 위해 이틀 전에 입원해서 온갖 검사를 하며 초조하게 기다린 것도 모자라 뒷사람과 순서를 바꾸는 바람에 아홉 시간을 더 기다렸다. 평생에 이보다 더 지루한 기다림이 또 있을까. 서울 시내 교통 사정이 어디 내 마음 대로던가. 알면서도 제때에 퇴근해 오지 않는 남편에게 얼마나 매몰차게 해댔던가. 잠시도 기다리지 못하고 불만에, 투정에…. 그것들이 오늘에 비하면 행복한 비명이었음을 깨달았다.

의술을 빌려 망가진 판막 끈을 고치는 동안, 나는 남편에게 상처 주고 고통을 준 부분들을 반성하고 모난 성격을 수술했다. 그래도 남은 아집 속의 오만은 흐르는 강물에 띄워 보내고, 조금만 남겨 다시는 누구에게도 상처 주지 않을 자극제로, 서로의 부족함을 채워주는 윤활유로 써야겠다.

편안하게 잠들어 있는 남편의 가슴에 귀를 대고 한강 위를 장난감 같은 모습을 하고 어둠 속으로 사라지는 전철을 본다. 육중한 몸을 지탱하는 쭉 뻗은 철길 위를 힘차게 달리는 기차처럼 심장도 하루빨리 힘차게 뛰기를 기원해 본다.

세탁기

 많은 양의 빨랫감을 넣고 세탁기를 돌렸다. 잘 돌아가나 싶더니 헹굼에서 멈췄다. 엉켜 있는 양이 벅차 보여 반쯤 들어내고 다시 돌려도 헹굼에서 또 멈췄다. 그나마 비벼 빤 다음에 멈춘 것이 다행이라 생각하며 손으로 헹구기 시작했다. 땀이 비 오듯이 흐르고 허리가 끊어질 듯이 아팠다. 물이 줄줄 흐르는 옷들을 옥상 건조대에 널며 딸들 생각에 잠겼다.

 아이들이 어릴 때 나는 칭찬에 인색하고 더 잘하라고 채찍만 하는 사람이었다. 교육이라는 핑계로 하루에도 몇 번씩 훈계에 서슴지 않고 매까지 들었다. 가끔은 내 감정이 섞인 매를 들면서도 너희들을 위해서라며 핑계를 댔다. 재능이나 관심에는 상관없이 내가 짜준 계획표대로 움직여야 했고, 지나친 강요에도 힘들다는 말도 왜 해야 하냐고 묻지도 못했다. 따듯한 말 한마디나 다정하게 한 번을 안아주지도 않았는데 아이들은 어느새 대학생이 되고 고등학생이 되었다. 일등을 위해서는 아니지만 늘 최선은 다해야 한다고 해 놓고 좋은 결과를 내도 당연시하고 더 잘하라고만 하는 내가 딸들에게는 넘치는 세탁물처럼 버거웠을 것이다.

어릴 때 아버지는 언제나 욕심이 화근이라고, 세상은 조금 밑지는 듯이 살아야 잘 사는 것이라 했다. 저녁이면 가끔 평상에 앉아 별을 세는 나에게 항상 조금 손해 보면서 살라 하셨다. 사춘기 소녀가 되었을 때는 나를 태우고 남을 밝히는 양초 같은 사람이 되라고 하셨다. 세상에 태어나 나만을 위해서 사는 것보다 누군가에게 따듯한 빛이 되어주고 도움을 줄 수 있으면 얼마나 좋겠냐고, 온몸으로 땡볕을 받으며 밭일을 하시다가 새참을 먹느라 잠깐 쉬는 시간이면 꼭 그렇게 살라고 나에게 당부를 하시곤 했다.

공무원인 큰아버지와 작은아버지 대신 집안일이며 농사일을 도맡아 하는 것도 모자라 학문이며 재산까지 형제들에게 양보한 아버지의 삶이 너무 고달파 보여서 그렇게는 살기 싫다고 했었다. 남의 것은 탐내지도 않겠지만 양보하고 손해 보고 살아서 아버지처럼 힘들게 살아야 한다면 차라리 욕심쟁이로 살겠다며 아버지의 마음을 아프게 했다.

아버지가 힘들게 해서 얻은 것들도 제일 좋은 것은 언제나 큰집 식구들의 몫이었다. 내 자식들에게도 좋은 것 먹이자고 이제 그만하자고 한마디도 못 하는 어머니도 미웠다. 나도 좋은 것 갖고 싶다고 투정을 하면 어른을 공경하고 형제끼리는 우애가 있어야 한다고 당연한 일이라 했다.

우리가 아무리 잘해도 칭찬하지 않던 아버시가 사촌들에게는 자상하고 인자했었다. 칭찬보다 큰 격려가 없다고 생각은 하면서도 나도 그를 닮아 무조건 양보해라, 네가 좀 손해 보며 살라고 딸들에게 말하고 있었다.

어릴 때 아버지의 가르침이 싫었던 것처럼 딸들도 일방적인 강요가 싫어서 멈춰버릴까 생각을 했을지도 모르겠다. 또 나처럼 아예 망가져 버릴까 수도 없이 고민했겠지. 하지만 부모니까 어쩔 수 없다고 나를 위로하며 흘렸던 눈물을 딸들도 많이 흘렸으리라. 착한 자식이기보다 세상에 꼭 필요한 사람으로 성장하길 바랐던 아버지의 가르침처럼, 엄마라는 이름보다 인생의 좋은 선배가 되고 싶은 나의 마음을 딸들도 부모가 되어보면 알겠지.

결혼하고도 무조건 네가 잘하라던 아버지의 말씀처럼, 나도 아이들이 당당한 사회인이 되고 좋은 짝을 만나 가정을 이룰 때까지 넘치는 세탁물 놀이를 멈출 수가 없다. 따뜻하게 보듬을 줄 모르고 지나치게 엄하기만 한 나의 교육법에 딸들이 상처를 입더라도 여자라서 겪어야 하는 부당함이 산재해 있는 세상을 알게 되는 그때는 나를 이해해 주겠지, 자식의 눈물에도 꼼짝 않던 엄마라고 설마 곳곳에 넘치는 세탁물에 나를 비할까.

얼마 전까지도 세상에서 누가 제일 무섭냐고 물으면 1초의 망설임도 없이 엄마라고 말했던 딸들이 지금은 엄마처럼 살 거라며 한쪽 눈을 찡긋한다. 빈말인 줄은 알지만, 딸들의 모터가 크고 단단해지고 있는 것 같아 흐뭇하다. 머지않아 진정으로 베푸는 삶과 나를 태워야 나의 참모습을 볼 수 있는 촛불 같은 사람의 의미를, 또 손해 보고 베푼 것보다 더 많은 것들이 부메랑이 되어 돌아온다는 사실을 깨달을 만큼 통이 큰 세탁기로 딸들은 거듭나겠지.

따뜻한 햇볕과 적당한 바람에 눈물 같던 물이 마르고, 딸들의 피부처럼 보송해진 옷 위로 두 딸과 아버지가 나를 보고 환하게 웃고 있다.

법주사에서

 햇살이 눈부시게 아름다운 아침에 사랑하는 사람의 손을 잡고 '세속을 떠난 산기슭에 부처님의 가르침이 항상 머무는 곳 속리산 법주사(俗離山 法住寺)'로 간다.
 속세와의 이별을 뜻하는 속리교(俗離橋)를 건너가니 파란 잔디밭이 펼쳐지면서 눈이 맑아지고 경쾌한 소리를 내며 흐르는 개울물 소리는 귀를 시원하게 해 준다. 양말을 벗어 신발 안에 넣고, 바지를 한 뼘 정도 걷고는 황토체험장으로 걷기 시작했다. 황토로 만든 공깃돌 같은 알맹이들이 나의 발을 간질이고, 양손에 든 신발이 걸음을 내디딜 때마다 춤을 춘다. 이런 나의 모습에 덩달아 기분이 좋아진 남편이 나의 손을 잡아주며 발을 맞춘다. 어느새 발은 황토물이 들어 붉은색이 되었고 자연을 즐기느라 신이 난 나의 얼굴에는 꽃물이 들었다.

맑은 물이 흐르는 개울 위에 놓인 수정교를 지나니 생태 체험장이다. 새소리, 물소리 들으며 들꽃들은 보니 철없던 어린 시절이 생각난다. 좁은 산길을 걸어 학교에 가는 길에 도토리를 줍다가 발견한 다람쥐 쫓느라 산을 뛰어다니다 지각했던 추억과 들꽃을 꺾어 왕관 만들고 토끼풀꽃을 따서 꽃반지를 만들며 즐거워했던 일늘이 떠올라 기분이 좋아긴다.

평생에 한 번 꽃을 피우고 죽는다는 조릿대가 무리를 지어 서 있다. 그 옆에 동그랗고 긴 나무 위에 오롯이 앉아 있는 한 송이의 버섯이 신기하다. 다 썩어 문드러지기 직전인 나무는 내 몸을 희생해서 너를 탄생 시켰으니 내 죽음이 헛되지 않았음을 알리는 듯 당당하다. 삶과 죽음이 공존하는 세상, 사랑과 미움이 늘 함께 하는 속세다. '사랑하는 사람은 못 만나서 애가 마르고 미워하는 사람은 만나서 괴롭다'라는 말이 생각난다.

도토리가 후드득 소리를 내며 떨어질 것 같은 상수리나무에는 도토리 한 톨 보이지 않는다. 다람쥐 양식을 걱정하는 나의 마음을 알았는지 아기다람쥐 한 마리가 우리 앞에서 재롱을 떨다가 사라진다.

 금강문 앞 개울에는 깊은 산속에서 스님들과 함께 산다고 '중고기'라고도 불리는 버들치들이 꼬리를 흔들며 놀고 있고, 모래를 좋아하는 '모래무지'는 모래를 닮은 잔돌을 입으로 물었다 놓았다 하며 놀고 있다. 아직도 자연 그대로 보전되어있는 것들이 많은 그래서 내 손바닥만 한 물고기들이 천연덕스럽게 살 수 있는 곳이라서 속리산 법주사에 오는 것이 즐겁다.

 일주문과 금강문, 그리고 사천왕문을 지나야 비로소 법주사 경내에 들어선다. 신라 혜공왕 때 진표율사가 7년간의 노력 끝에 조성했다는 금동미륵대불이 백 척의 높이를 자랑하며 서 있다. 대원군이 경복궁을 중건하면서 쓸 비용으로, 일제 치하로, 6.25로, 많은 곡절을 겪으면서 사라질 위기에 놓인 금불상을 2002년 석지명 주지 스님이 삼만여 불자의 시주금인 황금 80kg으로 2년에 걸쳐 원래 모습으로 복원시켰다고 한다.

 두 마리 사자가 가슴을 맞대고 등을 들고 있는 쌍사자 석등(국보 5호)을 보니 왠지 웃음이 삐져나온다. 아이들이 잘못하여 선생님께 벌서는 모습이 상상되면서 사자도 분명히 힘없는 동물을 잡아먹다가 들켜 부처님께 벌을 받고 있다는 생각이 들었다. 두 팔을 위로 치켜들고 힘들게 서 있는 모습이 아무리 보아도 개구쟁이 아이 같다. 신라 성덕왕 때 부처의 자비로 명랑한 생활을 하며 여러 가지 재앙을 예방하기 위해서 만들어졌다는 쌍사자 석등은 볼수록 재치있는 작품이다.

그 외에도 우리나라에서 거장 크다는 솥 철확(보물 1413호)과 신성 구역을 표시해 놓은 당간지주, 속리산의 내역을 기록해 놓은 사실기비(유형문화재 167호), 팔각의 받침대 위에 삼단의 굄과 한 층의 목련대로 만들어져 연꽃이 물에 둥둥 뜬 모습을 표현한 석련지(국보 64호) 몸과 뼈를 태우면서도 아미타불 앞에 공양하는 보살인 법주사희견보살상 그리고 속리산을 울리고도 남을 큰 북과 범종각 등 우리나라에서 가장 화려하고 웅장한 사찰로 알려진 만큼 법주사에는 볼 것도 많다.

법주사의 대웅전이 400년 만에 재건축되었다. 현재불을 중시하는 다른 사찰과는 달리 황금 옷을 입은 삼불상(부처님의 과거, 현재, 미래를 나타냄)이 같은 모습을 하고 앉아 있다. 과거 없는 오늘이 없듯이 충실한 오늘이 내일의 초석이 됨을 말하리라. 합장하고 고개를 숙였다.

여섯 시가 되니 불심을 일으키는 북소리를 시작으로 범

종 소리가 속리산에 울려 퍼진다. 북을 치는 스님들의 손놀림이 예사롭지 않다. 잠깐이지만 무아경에 빠져 무념무상을 체험했다. 일상에서의 번뇌가 사라져서일까 가슴이 후련하다.

금강문을 나서며 다시 쳐다본 금동미륵불이 낯이 익다. 넓은 이마며 약간 처진 눈, 두툼한 입술에 인자한 인상이 남편을 닮았다. 손을 잡으며 생긋이 웃으니 남편도 나를 보며 빙긋이 웃는다. 범종 소리 들리는 곳에서 노후를 보내자는 나의 말에 흔쾌히 답한다. 보은의 황토로 집을 짓고 보은의 특산물인 대추나무를 심어 담장으로 삼고 서원계곡 물소리 벗 삼아 자연을 즐기면 이보다 더 편안한 삶은 없으리라. 처마 밑에는 범종 닮은 풍경 하나 매달아야지.

떨어지지 않는 발걸음을, 먼 훗날을 기약하며 속리교를 건너 일상으로 돌아온다.

특별한 여행

 남편의 고등학교 동창들이 제때에 못 간 수학여행을 졸업 40주년이 되는 해 6월 연휴를 맞아 제주도로 가기로 했다. 몇 년 전부터 준비해온 터라 인원 모집부터 관광할 코스까지 무리 없이 진행되었다. 많은 인원이 함께 움직여야 하니 쉽게 알아볼 수 있도록 같은 옷을 입자는 등 아이들처럼 들떠서 난리더니 윗옷을 흰색으로 입고 오라는 총무의 알림이 단체 카톡방에 떴다. 여자들은 옷에 민감하니 물어보고 정하자는 애처가들의 의견은 무시된 채 여행가는 날 김포공항에는 흰색으로 만들어진 갖가지 옷을 입은 부인들이 남편과 함께 와서는 웃음꽃이 피었다. 김포공항에서 출

발하는 인원들이 다 모이자 첫 기념 사진을 찍었다. 교복 같은 단체복을 입어서인가, 반백인 머리카락을 하고도 고등학생 같은 천진한 미소를 지을 수 있다는 것을 사진으로 확인하고 비행기에 올랐다.

김포 청주 대구 군산, 각자 사는 곳에서 출발하여 제주공항에 다 모이니 시끌벅적 영락없는 학생 단체다. 김포에서 한바탕 벌였던 인사 나누기가 또 시작됐다. 부인들까지 함께했으니 반가운 마음도 크고, 나이 들어서 하는 수학여행이니 감회가 남다른 모양이다. 제주공항에서 제대로 된 단체 사진을 찍으니 여행이 실감 났다.

첫 여행지인 한라산 어승생악 정상 탐방을 위해 버스에 올랐다. 제주도는 가끔 왔었지만, 한라산 등산은 처음이다. 낯선 이들과의 숙박의 두려움도 물리치게 해 준 한라산 등산을 비 온다는 예보에 못 할까 걱정을 했었는데 제주공항에 도착하니 비가 그쳐 한라산에 오르기로 했다. 더군다나 1169m 중 버스가 950m까지 올라간다니 가벼운 마음으로 산책길에 나섰다.

정상으로 가는 조붓한 산길에 돌도 나무도 어느 것도 혼자인 것이 없다. 바위에는 이끼가 같이 자라고 있고 높은 나무에는 덩굴식물이 함께 뒹굴고, 삶과 죽음이 공존하는 것들로 가득 찬 곳곳에 야생 꽃들조차 화려하다. 힘들고 짜증 나게 해도 부부이니 이해하고, 싫은 짓 골라 하며 밉상을 부려도 내가 아니면 누가 챙겨줄까 덮어주고, 그렇게 몇십 년을 함께 살아온 부부 같다. 생긴 것과 색깔이나 모양은 달라도 자기만의 특색만큼은 제대로 지닌 산속에서의 모든 것들이 볼수록 매력적이다. 이들도 우리처럼 서로에게 몸과 마음을 내주기까지 큰 노력이 필요했겠지. 가끔은 감고 있는 것들이 힘들어 떼어 버리고 싶을 때도 있고, 나보다 더 커버린 너로 인해 내가 보이지 않을 때는 내 영역을 내어 준 것을 후회한 적도 있었겠지. 희로애락을 함께하며

 참아주고 양보하고 견디며 잘살아온 친구 부부들처럼 산길의 모든 것들도 대단해 보였다. 쨍했다 비 오다 흐렸다 하는 날씨마저 부부로 살아온 날들 같다. 오르막 있으니 내리막이 있고, 꼬부랑길 있으니 쭉 뻗은 길도 있고. 힘들면 서로 잡아주고 지칠 땐 또 끌어주고 밀어주며 서로에게 힘이 되어 살아온 나날들. 삐걱대면서도 잘 살았기에 함께 한라산을 오르니 온갖 것들도 다정스럽다.
 고등학교를 졸업 후 40년 동안 가정과 사회에서 제 몫을 잘 해낸 사람들이 어승생악 정상에서 또 단체 사진을 찍었다. 떠가는 구름을 배경 삼아 나보다 서로의 얼굴이 안 나

올까 챙겨가며 맨 앞줄은 바닥에 앉고 둘째 줄은 무릎을 굽히고 마지막 줄은 서서 사진을 찍는 친구의 아자 소리에 함께 웃었다.

첫날 환영의 밤에는 우리들의 만찬을 위해 돼지 한 마리와 수십 마리의 물고기와 셀 수 없는 만큼의 새우가 희생양이 되었다. 구이로 재탄생한 고기를 먹으며 장기자랑도 하고 회 쳐온 물고기와 새우를 먹으며 정을 나누고 리조트 입구 곳곳에 숨겨두었던 보물찾기에서 찾은 번호표를 들고 줄을 서서는 선물도 받았다. 반 대항 장기자랑도 부인들의 숨은 노래 실력이 열기를 더해가고 주고받은 술잔에 얼굴도 붉게 물들어 갔다. 연극인 친구의 농익은 연기가 남편들의 연륜을 말해준다. 많은 것들이 무덤덤하게 진행되는데도 누구 하나 재미없어하는 이 없고 웃지 않은 사람도 없다.

수학여행 이틀째는 제주도에서 가장 아름다운 올레 7구간 외돌개에서 월평 코스 중 법환 포구까지 자유롭게 걸었다. 햇살이 쨍하지도 비도 오지 않은 날, 날씨마저도 미지근한 충청도 사람을 닮았다. 구름 사이로 가끔 비치는 태양은 서로의 부족함을 말없이 채워주는 따스한 눈빛 같고, 적당히 철썩이는 파도는 오래된 부부들의 끝없는 수다 같다. 먼 길을 가장 쉽게 가는 방법이 좋은 사람과 함께 하는 것이라 했다. 눈빛만 보아도 서로를 아는 반쪽들과 동시대에 태어나 수십 년을 비슷한 일들을 겪으며 살아가는 벗들과 함께하니 이보다 더 좋을 수는 없다. 올레길 걷기를 끝내고 막걸리 한잔으로 목을 축이고 수국꽃 축제가 한창인 카멜리아 힐에서도 아름다운 추억을 만들며 행복한 동행은 계속되었다. 각국의 꽃만큼 각양각색의 사람들이 모였지만 서로에게 불편을 주거나 누군가로 인해 얼굴 붉힐 일도 없는 이들이 진정 꽃보다 아름답다. 풍성한 꽃만큼이나 정 많고 배려 넘치는 벗들이 많은 남편이 오늘따라 더 부럽다.

수학여행 마지막 날, 제주의 아침을 여는 빛의 고장 섬 속의 섬 우도를 향해 가는 날, 낯선 시댁 어른들에게 억울한 일을 당해도, 가끔은 무시하는 듯한 남편의 사소한 행동이 서러워도, 자식들 키우느라 내 인생은 간곳없어도 엄마라는 이름으로 참고 또 삭이며 살아온 날들을 대변하듯 참았던 눈물이 비가 되어 내렸다. 눈물은 영혼을 씻어 준다더니 한바탕 쏟아내고는 하늘도 머릿속도 개운해졌다.

우도에 도착해 버스에 오르니 기사님이 걸쭉한 농담으로 우리를 맞는다. 곳곳을 누비며 친절하게 설명을 해주어 즐겁게 우도 탐방을 끝내고 바닷물이 아름다운 하우목동항에 내렸다. 보라카이 화이트비치 못지않은 멋진 비췻빛에 모두가 넋을 잃었다. 투명한 색깔로 온몸을 물들이고 싶은 마음 누르며 연신 사진을 찍었다.

여행의 마지막 코스인 절물자연휴양림에서 바람 소리 새 소리 벗 삼아 남편과 나란히 걸으니 함께 한 날들이 주마등처럼 떠오른다. 토닥대며 서로를 힘들게 한 수많은 일의 대가로 행복한 오늘을 얻었다.

'슬기롭고 알차고 쓸모 있어라'는 교훈을 지금도 훈장처럼 가슴에 달고 사는 그들과의 여행이 나에게도 특별한 추억이 되었다.

보고 싶다 친구야

 하늘이 잿빛이거나 여우비라도 내리는 날에는 따뜻한 차를 마시고 싶다. 창 넓은 찻집에 앉아 빗물 닮은 그리움에 취하고, 구름에 숨었다가 살그머니 고개를 내밀던 햇살 같은 미소를 지닌 친구와 수다를 떨고 싶다. 말하지 않아도 서로의 마음을 읽을 수 있는 친구와는 종일을 함께해도 지루하지 않으리라. 추억이 깃든 노래를 들으며 새콤달콤한 레몬차에 고소함이 가미된 고구마 케이크를 먹으며 흑사탕보다 더 달콤한 향수에 빠지고 싶다.
 찬바람마저 비껴간 하늘에는 고향의 늦가을이 한 폭의 풍경화처럼 펼쳐져 있다. 가을걷이가 끝난 텅 빈 들녘을 누

 비는 참새의 마지막 날갯짓이 귀여워 허수아비도 웃음 짓던 고향. 많은 수확에 뿌듯해하던 농부의 구릿빛 얼굴에는 함박웃음이 떠나지 않고, 밭갈이와 논 써레질에 탈곡한 나락이며 김장 배추에 무까지 실어 나르느라 쉴 틈이 없었던 누른 암소는 여물을 되새김질하며 모처럼의 여유를 즐기고 있다. 매상할 나락을 쌓아 둔 포대 앞에는 먹이를 찾느라 땅을 헤집는 닭들의 움직임이 바쁘고, 저녁 짓는 연기가 봄날 아지랑이처럼 굴뚝마다 피어오르면 앞산 위로 하얀 달이 얼굴을 살그머니 내민다.

 '친구야, 놀자'라며 밤마다 부르던 그리운 목소리가 바람

을 따라 귓전에 맴돈다. 밭일에 소 꼴 뜯느라 고단했던 친구는 술래잡기하다가 짚단 더미에서 잠이 들고, 없어진 벗의 이름을 부르며 동네를 헤매었던 소꿉동무들의 목소리가 바람 소리에 섞였다. 소 먹이러 가서는 쇠똥 속에서 말똥구리를 꺼내어 달리기를 시키고, 개구리를 잡아서 구워 먹느라 정신이 없다가 소가 없어진 것을 알고는 울면서 온산을 뛰어다니던, 송사리의 새카만 눈을 닮은 친구들의 얼굴이 눈앞에 아른거린다.

과학자가 꿈이라며 파충류를 해부하던 친구는 고깃집 시장이 되었고, 밤마다 창고 앞에서 목청을 돋우던 친구는 무명이지만 가수가 되었다.

설날이면 윷놀이를 하면서 우리 편 이기라고 고함을 질러대고, 깡통에 불을 붙여서 흔들며 온 동네를 뛰어다니던 큰 눈을 송아지처럼 껌뻑이던 그리운 친구들. 그네 타는 여자들을 괴롭히고는 뒷동산을 쫓고 쫓기다 한여름 개 모양 혀를 쑥 빼물고는 헐떡이던 친구들, 달빛이 환한 보름날이면 누가 먼저랄 것도 없이 내강으로 달려가 미역을 감던 보고픈 친구들.

서리해온 수박으로 공놀이를 하다가 머리를 맞아도 힘껏 던진 참외에 맞아 코피가 펑펑 쏟아져도 다음 날이면 다

잊었다. 호기심에 술을 마시고 쭉 뻗은 길을 걷다가 넘어져서는 땅바닥이 벌떡 일어나 내 뺨을 때리더라고 진지하게 말하는 친구의 표정이 우스워서 배꼽이 빠져라 깔깔댔던 추억, 칠흑 같은 어둠에도 굴하지 않고 넓은 묘 주위에서 뛰고 달리며 밤을 새웠던, 친구가 많아서 부자였던 그 시절 이야기는 하고 또 해도 싫지 않으리라.

부모님께 혼나고도 눈물 콧물 닦느라 새카매진 서로의 옷소매를 쳐다보며 웃는 것으로 위로가 되었던 어린 시절.

햇살은 보고 싶은 친구의 순진한 마음이다. 나를 보며 환하게 웃어 주던 친구의 미소다. 살살 부는 바람 소리는 보고픈 이의 목소리다. 느닷없이 전화해서는 보고 싶다는 말만 계속하던 소꿉친구다.

차를 몇 잔씩 마시며 서로의 추억을 참새처럼 재잘거리고 싶은, 마음이 통하는 친구와의 수다로 하루를 보내고 싶다. 콩서리, 수박 서리, 고구마에 감자까지, 뱀도 개구리도 반딧불이도 친구 삼던 친구들 이야기로 밤을 꼴딱 새우고 싶다. 진달래꽃 따 먹고 개구리 헤엄치느라 냇강을 떠들썩하게 했던 추억을 공유할 수 있는 사람과의 수다라면 숨기고 싶은 나의 비밀도 서슴없이 털어놓을 것 같다.

찬바람이 가슴을 시리게 하는 날이면 어떤 이야기도 사

심 없이 들어줄 친구가 너무 그리워, 어린 시절 교가처럼 불렀던 노래를 목청껏 부르며 수다를 대신한다.

'진달래 먹고 물장구치고 다람쥐 쫓던 어린 시절에 눈사람처럼 커지고 싶은 그 마음 내 마음….'

떠날 때는 말 없이

누구나 자기의 행동에 대해 세심하게 생각하지 않는다. 나의 의지와는 상관없이 환경에 따라서 하는 행동에는 더 그렇다. 그래서 혹자는 두들겨 맞거나 언어폭력을 당하면서도 심각함을 모른다. 가랑비에 옷 젖는다고 누구나 자주 겪다 보면 나쁜 것도 좋은 것에도 무디어져 피해자도 가해자도 일상이 되어버리기 때문이다.

자신이 없어서 미루다 마지막 기회라 생각하고 기타를 배우기 시작했다. 처음에는 노래와 함께할 수 있어 좋았고 실력이 조금씩 늘면서 봉사라도 하며 즐거움을 나누고 싶다는 욕심이 생겼다. 하나씩 알아가는 재미에 선생님의 변덕

스러운 성격도 참았다. 가끔은 사소한 실수에 지나치리만큼 심하게 혼을 내며 막말을 해도 그러려니 했다. 독특한 성격이라 치부하면서도, 매일 그런 것이 아니니 참자는 마음으로 세월이 갔다. 이해를 못 하고 엉뚱한 소리를 해서 화를 내는 것은 그래도 참을 만한데 자기감정을 다스리지 못하고 해댈 때는 어이도 없고 기가 차서 한마디 하고 싶지만, 괜히 분위기만 망쳐 놓을까 눈치만 보다가 수업이 끝나곤 했다.

문화원에서 하는 수업이라 수강생 대부분이 정년퇴직한 사람이다. 가족들 부양하느라 일만 하다가 시간이 많아지니 젊어서 꿈꾸던 것들을 배우며 소일거리 삼자고 온 사람들이

다. 그런데도 젊은 선생이 저렇게 심하게 할 말을 다 할 수 있을까 의아한데 신입생이 들어와서 수업을 한번 듣고는 기겁을 한다. 사소한 일로 짜증을 내고 질문에도 성의 없이 대답하는 선생이 이해가 안 되지만 그의 행동을 아무렇지 않게 받아들이는 우리가 더 이상하단다. 모두가 정상이 아닌 줄을 알면서도 다른 방법을 찾기도 귀찮고 적당히 무시하며 원하는 것을 배우면 된다는 안일한 생각이 나 역시 일상이 되었나 보다. 무안하고 창피해서 정신이 번쩍 들었다. 이상하리만치 내 마음을 나도 모르겠다고 생각을 하면서도 대책 없이 지낸 날들이 민망도 하고 제대로 한 대 맞은 기분이다. 그래도 스승이라고 편에 서서 변명을 하는 내 모습도 우습지만 다 알지도 못하면서 계속 열변을 토하는 그녀는 얄밉기까지 했다.

첫 수업 때부터 조금은 유별스럽게 자기 방식을 고집했다. 확실한 성격이니 잘 가르치겠지, 내심 기대를 했다. 배울 점은 많은데 자기 마음에 안 드는 행동을 하면 가차 없이 마구 퍼부어대며 상처를 주니 한두 달 나오다가 그만두는 사람이 많았다. 안타까워하는 우리에게 이 정도도 못 버티면 배울 자격도 없다며 오히려 큰 소리다. 잘못한 점도 한 번만 이야기하면 될 것을 두세 번 말하며 아예 기를 팍

꺾어놓는다. 너무 지나칠 때는 기가 차지만 똑같이 굴 수는 없고 몇 번이나 관두자 싶다가도 인연의 소중함을 생각하며 나를 다독였다.

본인이 가장 잘하는 것을 가르칠 때는 얼마든지 큰소리 칠 수도 있다. 하지만 그것도 어느 정도다. 아무리 잘해도 본인의 기분에 따라 감정을 다 드러내는 것은 자질 부족이다. 물론 그것이 나름의 교수 방법이라 하면 할 말은 없지만 나이 들어가며 즐기려고 배우는 처지에서는 이해가 안 된다. 나에게 배우는 사람이라고 나이든 어른에게 막말히거나 어린아이 나무라듯 한다는 것은 상식 밖이다. 가르치는 방법이나 규칙 또한 본인이 만드는 것이니 누구라도 상관할 수는 없지만, 그것이 자신의 됨됨이라는 것을 왜 모를까. 누구나 처음 배울 때는 몇 번을 설명해도 잘 못 알아듣는다. 더군다나 생소한 것을 내 것으로 만들기가 얼마나 어려운가 말이다. 나이 들수록 원하는 것을 딱 꼬집어 가르쳐줄 스승을 만나기도 어렵고 함께 배우며 말벗할 만한 사람을 만나기도 어렵다. 내가 어떤 말을 해도 이해할 사람에게도 조심스러운 것이 쓴소리다.

사람들은 모두가 내 입장만 고집한다. 자신의 실수나 잘못은 알면서도 인정하려 하지 않는다. 이래서 말이란 것이 참 어렵다. 하기도 어렵지만 뜻을 헤아리기는 더 어렵다. 그래서 오해도 하게 되고 때로는 원망도 산다. 선생님이라면 최소한 말로서 상처 주는 일만은 하지 말아야지.

더불어 즐거울 수 있어 좋았던 기타 수업이 요즘 들어 노동하는 기분이다. 가르치는 열정만큼 말도 따뜻하게 하면 얼마나 좋을까. 나이 들수록 무엇을 잘하는 사람보다 자상한 사람이 좋다. 참는 것도 한계에 왔고 인연도 다한 모양이다. 말없이 떠날 일만 남았다.

소나기

소나기가 잦은 여름이다.

세상이 부서지는 듯한 천둥소리에 낮잠에서 깨어났던 어린 시절, 큰집에 혼자 남겨진 고독이 천둥 번개보다 더 무서웠던 소나기 내리는 날, 두려움에 한바탕 울고 나면 먼 산 위에 아름답게 떠올랐던 쌍무지개. 소나기는 예고 없이 와서는 달구어진 대지를 식히고 일곱 빛깔 무지개를 앞동산에 걸어놓는 것으로 내 기억에 남아있다.

하루에도 많은 사람과 옷깃을 스치며 우리는 살아간다. 그들 속에서 가끔 소나기처럼 내게 오는 사람이 있다. k가 그랬다. 몇 갈래의 길 앞에서 망설이고 있는 나에게, 평지

라고 택하지 말고 조금 힘들더라도 원하는 길로 가라고 조언해 주고, 삶이 팍팍하여 힘들어할 때 감당할 수 있을 만큼의 고통은 사소한 것에서도 행복을 느끼게 해 준다고 다독여 주던 사람. 내가 누군가로 힘들어할 때도 그 사람도 너와 똑같은 마음일 것이라고 위로해 주고, 같은 문제를 두고 실랑이를 벌일 때 그가 나와 다른 생각을 하는 사람인 것을 왜 인정하지 않느냐고 따끔하게 충고해 주던 사람이 시원한 소나기 같아 좋았다.

  나의 수다에도 귀 기울여 주고, 무엇을 하든 격려해 주며 어떤 일도 잘할 수 있다고 용기를 주던 그 사람이 나에게는 소나기 온 뒤에 멋지게 떠서 희망을 주던 무지개와도 같았다.

소나기가 햇빛에 달구어진 대지를 식혀 주고, 목마른 자연에 갈증을 해소해 주는 감로수인 줄 알았다. 그리고 한여름에 작열하는 태양의 위세를 잠시나마 주춤하게 해줄 수 있는 것도 소나기뿐이라 생각했다.

나에게 무엇이든 하면 된다고 자신감을 주던 k는 늘 보고 싶고 그리운 사람이었다. 나는 그에게 속내를 서슴없이 보였고, 웬만한 고민쯤은 쉽게 해결할 방법까지 찾아주었다. 하루라도 못 보면 허전할 만큼 그를 좋아하고 믿었는데 사소한 일로 행동을 꼬집는 나의 말에 등을 돌리더니 사심 없던 수다가 비수가 되어 돌아왔다. 아무 대책도 없이 하늘거리를 원피스를 입고 대로에서 소나기를 맞았다. 만신창이가 된 나의 몸에 흙탕물이 더해졌을 때, 송충이가 되어 그의 허벅지라도 쏘아주고 싶었다.

소나기가 먼지로 뒤덮인 세상을 깨끗하게 해주고, 아름답고 환상적인 무지개를 남긴다고 믿었던 어린 시절에는 나무에 있어야 할 송충이가 왜 집으로 들어오는지를 몰랐다. 톡톡 쏘며 내 허벅지를 기어오를 때도 그는 강적을 피해 삶의 고행을 치르는 중이었지만 나는 미물에게 농락당하고 있다는 혐오감만 느꼈다. 자기 몸집의 수만 배나 되는 나의 몸에 올라오려고 사투를 벌였을 그를 내 몸에서 떼어 내고는, 내가 가슴을 쓸어내렸던 순간에도 그는 살아야 한다고 몸부림을 쳤으리라.

먼 산 위에 떠 있는 무지개가 잡을 수 없는 환상이란 것을 몰랐을 때는 소나기가 미생물에게 총 칼이 될 수도 있다는 것을 몰랐다. 우박이 섞인 비를 맞으면 송충이는 죽을 수도 있다. 송충이가 위험에서 벗어나는 길은 무조건 비를 피하는 방법밖에는 없다. 그것이 방안이든 대청마루든 사람의 몸이라 할지라도 우리는 그를 이해해야 한다. 살아야 하니까. 하지만 사고의 능력을 갖춘 사람이 내 마음에 들지 않는 말을 했다고 흙탕물을 씌우고 믿었던 사람에게 당한 배신감으로 심하게 열병을 앓게 만드는 것은 옳지 않다. 더군다나 가족처럼 좋아했던 사람에게서 받은 마음의 상처는 또 어떻게 할까.

한낮 찜통더위에 만나는 소나기가 반갑다. 시원스럽게 쏟아붓는 빗소리는 답답하던 가슴까지 후련하게 해주어 더없이 좋다.

가끔은 준비 없이 만나는 소나기에 흠뻑 젖어 속이 상하기도 하지만 비 온 뒤에 땅이 더 굳어지듯이 그로 인해 모났던 나를 다듬는 계기가 되었으니 이제는 원망보다 고마운 마음이 앞선다.

한여름 시도 때도 없이 내리는 소나기를 보며, 비를 피하게 해주는 큰나무 한 그루 없다고 투덜대며 지금까지 살았다. 이제는 소나기가 남기는 그 어떤 것도 나의 인격이라는 것을 안다. 엄청난 폭우와 우박을 동반한 소나기에도 끄떡하지 않을 나로 거듭나기 위해서는 소나기의 모든 것을 있는 그대로 받아들이는 일이리라.

올여름은 예년보다 더 부더울 것이라는 일기예보다. 대기가 불안정한 만큼 소나기도 잦을 것이다. 이 여름, 나를 아는 모든 이들에게 무더위를 식혀 주는 한줄기 소나기고 싶다. 그 뒤에 아름답게 떠서 희망을 주는 쌍무지개까지 있으면 더욱 좋을…

붕어빵

 붕어빵 장사들의 손놀림이 바빠진 것을 보니 겨울인가 보다. 걸쭉하게 반죽한 밀가루로 빵틀의 바닥을 채우고 그 위에 팥을 삶아 맛있게 버무려 놓은 것을 듬뿍 넣고 다시 밀가루 반죽으로 팥이 보이지 않게 덮고는 빵틀을 뒤집는다. 똑같은 방법으로 빵틀이 채워지는가 싶더니 어느새 다 익은 붕어빵이 나온다. 맛있게 구워져 빵틀 위의 진열대에 앉기 바쁘게 새 주인을 만나 떠나는 붕어빵을 보며 지난날 가난에서 절대로 벗어날 수 없을 것 같아 더 추웠던, 그래서 내게 봄이 다시는 오지 않을 것 같았던 그 시절을 회상한다.

 많은 빚을 내어 더 큰 집으로 이사를 했다. 젊어서 고생은 사서도 한다는데 쓸데없는 허영이 나를 부추겼다. 변변한 옷 한 벌 못 사 입고 먹는 것이 부실해도 얻는 것이 있으면 잃는 것도 있는 법이라 위로하며 살았다. 허리띠 졸라매고 몇 년 살면 금방이라도 부자가 될 줄 알았다. 생각처럼 되리라 믿으며 살았는데 삶이 그리 만만하지가 않았다.

둘째가 태어나면서 생활은 더 어려워졌다. 비쩍 마른 아이들을 보면서 우유 하나 제대로 사 먹이지 못하는 처지가 얼마나 서글프던지, 처음으로 욕심을 부린 것에 대해 후회를 했다.

나날이 웃음을 잃었고 교육을 핑계 삼아 아이들에게 화풀이하기 시작했다. 밥 먹으면서 흘린다고 동생 제대로 못 돌보았다고 어린아이들의 당연한 행동에도 매를 대고, 맞고도 울지도 못하게 했다.

그날도 남편이 늦은 귀가에 대한 화풀이를 아이들에게 했다. 이유도 모른 채 매를 맞은 아이들이 울음을 참느라 입술을 깨물고 있을 때 남편이 들어왔다. 아빠를 본 아이들은 목놓아 울기 시작했고 남편은 하얀 봉투 속에서 아직도 김이 나고 있는 붕어빵을 하나씩 꺼내 손에 쥐여주며 눈물을 닦아주었다. 큰 눈에 눈물을 매달고서 붕어빵을 맛있게 먹는 아이들을 보면서 못된 내 성격에 대해 얼마나 많은 자책을 했는지 모른다.

 저녁을 먹고 늦게 들어오는 날이면 남편은 붕어빵을 사 들고 오곤 했다. 그것도 딱 천 원어치. 다섯 마리 천 원 하는 붕어빵을 한 마리씩 먹고, 남은 한 마리를 아이들은 머리에서 꼬리까지 딱 반으로 나누어 먹는다. 어느 날인가 여섯 마리가 들어있는 봉투를 내밀며 한 마리 더 주시면 안 되냐고 했더니 딴 사람은 안 되는데 인상이 좋아서 준다더라며 웃었다. 그 웃음이 허화로워 다음부터는 이백 원에 절대로 좋은 인상을 팔지 말라며 나도 웃었지만 내 쓸데없는 허영심이 남편까지 힘들게 하는 것 같아 그날 밤, 잠 못 이루며 뒤척였다.

 아래층에 세 들어 사는 아주머니가 해준 김장김치를 먹고, 하루에 한 시간만 보일러를 돌리며 살았다. 아이들은 보온 메리 내복을 입고도 추위에 떨었다. 긴긴밤 배가 고파 더 추웠던 그때, 그래도 가끔 남편이 사 온 붕어빵을 거실에 둘러앉아 이불 속에 발을 넣고 마주 보며 먹었던 그 시간만큼은 행복했었다. 붕어빵을 먹고 힘이 난 아이들의 재롱에 웃고 서로 발을 간질이며 웃고, 자지러지게 웃다가 부딪혀서 또 웃고, 창문 사이로 들어온 매서운 바람에 코끝이 빨개진 것을 보고 또 웃고….

남들보다 더 많이 가지고 싶어 했던 허황한 꿈마저 멀어지는가 싶더니 설상가상으로 IMF가 왔다. 1층이며 반지하에 사는 세입자들이 전세금을 낮추어 주든지 아예 방을 빼달라며 난리를 피웠다. 어제까지만 해도 방을 싸게 주어 고맙다던 사람들이 하루아침에 나를 빚쟁이 대하듯이 괴롭히기 시작했다.

하루가 다르게 야위어가고 말수가 적어지는 나를 보다 못한 남편이 회사에서 퇴직금 중간정산을 해왔다. 그렇게 많은 세월, 나를 옥죄이던 빚이 한순간에 사라졌다.

한참 출출해진 한겨울 늦은 밤, 붕어빵 속이 터질세라 조심스럽게 먹는 그 맛을 그리워하며 남편을 기다린다. 붕어빵밖에 사 올 줄 모르는 남편에게 멋도 없다며 핀잔을 주면 겨울의 멋 하면 붕어빵인데 나보고 더 멋을 모르는 사람이라며 웃어넘기고, 왜 꼭 천 원어치만 사 오냐고 타박을 하면 밤에 너무 많이 먹으면 살도 찌고 무슨 음식이든 아쉬운 듯이 먹어야 제맛이라며 너스레를 떨던 남편이다.

오늘 아침, 다음카페에 붕어빵으로 알아보는 심리테스트라는 글이 올라와 있어 읽어보니 재미있다. 붕어빵 어느 부분부터 먹느냐로 성격을 파악한 것인데 맞는 것도 같다.

퇴근해 온 남편에게 붕어빵을 먹을 때 어디부터 먹느냐

고 물었더니 꼬리부터라고 말한다

'꼬리부터 먹는 사람은 사려 깊고 주의 깊은 신중한 사람이다. 사소한 것에도 배려를 잘해주는 로맨티시스트자 정신적인 순수한 정신적 교감을 중요시하는 사람이다.'

사람들은 부모를 쏙 빼닮은 자식을 보며 붕어빵이라고 말한다. 남편의 뒤를 따라가는 큰딸을 보며 신기해하던 남편 친구들과 어쩌다 사 오는 것이 붕어빵밖에 없다고 투덜대니 아버지 닮아서 그런 모양이라며 웃던 어머님이 생각난다.

희로애락을 함께하는 동안, 생각이며 행동은 물론 붕어빵 먹는 방법까지 닮은 우리 부부, 혹시 전생에 부녀지간이 아니었을까.

밀가루와 앙금의 적당한 조화와 노릇하게 구워지기까지의 시간과 굽는 이의 정성이 맛있는 붕어빵을 만들듯이 서로를 위해 양보하고 배려하고 아끼고 사랑하며 잘살고 있는 우리 부부, 붕어빵을 많이 먹은 덕이리라. 잘 구워져 빵틀 위에 가지런히 앉아 있는 붕어빵 위로 나를 향해 언제나 환하게 웃어주는 남편의 얼굴이 떠오른다. 오늘은 내가 붕어빵 천 원어치를 사 들고 육교를 오른다.

한겨울이지만 요즘의 나는 언제나 봄날이다.

잊고 있던 고향을 찾아서

  삼월의 바람은 차지만 춥다는 생각은 들지 않는다. 더군다나 경복궁에서 코끝에 와닿는 바람은 신선한 청량감마저 느끼게 해 준다. 민속박물관 앞에 매달려 있는 복조리, 만복을 기원하는 축문은 새해가 되면 어르신들이 마을의 안녕과 풍년을 기원하며 정자나무에 매달아 놓던 것을 연상하게 했고, 박물관 안에서 본 일자형 한옥은 고향 집을 생각나게 했다.

  내가 초등학교에 들어가기 전까지 우리 집은 대청마루가 유난히 큰 일자형 집이었다. 삐걱대는 나무 문을 열고 부엌에 들어가면 까만 무쇠솥이 두 개 걸려 있었다. 저녁때가

되면 큰언니는 뒷동산에서 갈고리로 끌어다 모아 놓은 깔비(소나무 마른 잎의 경상도 사투리)로 밥을 지었다. 그 옆에 앉아서 집어 삼킬듯한 불길 속에 깔비 던져 넣기를 놀이 삼았다. 어쩌다 장작불이라도 지피는 날에는 고구마나 감자도 구워 먹었는데 잘 구워진 것들을 찾느라 잘못 놀린 부지깽이로 옷에 불똥이 튀어 혼이 나기도 했다.

대나무로 얼기설기 얽어 만든 설강(그릇을 씻어서 물기가 빠지게 두는 곳)에는 투박하고 큰 사기그릇들이 올려져 있었고, 높은 곳에 매달아 놓은 채반에는 삶은 보리쌀 같은 식재료들이 담겨 있었다. 키가 작았던 엄마가 채반을 왜 그렇게 높이 매달았는지, 그것이 쥐나 고양이의 밥이 되지 않기 위해서라는 것은 초등학생이 되고서야 알았다.

부엌 안쪽 가장자리에는 나 같은 어린아이들이 세 명은 족히 들어갈 큰 항아리가 놓여 있었는데 그 항아리는 아홉 식구의 음식을 만들기 위해 채워두는 물통이였다. 한겨울에 꽁꽁 얼어있는 얼음을 깨고 한 모금만 마셔도 온몸에 전기침을 맞은 듯하였다. 항아리의 바닥이 보이기 전에 큰언니는 물동이를 들고 동네 한복판에 있는 우물로 가서, 두레박으로 물을 퍼서 머리에 이고는 새색시처럼 걸어와 항아리에 쏟아부었다. 어쩌다 실수로 두레박을 우물에 빠트리면 짚을

꼬아서 만든 새끼줄 끝에다 낫을 묶어서 건졌다. 그 당시의 우물은 동네 아낙들의 빨래터이자 놀이터이기도 했다.

 추운 겨울이 지나고 봄볕이 좋은 날을 골라 엄마와 언니는 겨우내 묵은 이불 빨래를 했다. 빨아 널어놓은 이불이 어느 정도 마르면 밀가루 풀을 먹였고 풀기의 눅눅함이 없어졌다 싶으면 잘 접어서 대청마루 한쪽에 항상 자리를 차지하고 있던 다듬잇돌에 올려 두드렸다. 두 개의 방망이로 어떻게 그런 소리를 낼 수 있었는지, 그리고 언니가 우물에서 길어다 놓은 물을 잘 익은 박을 반으로 잘라 만든 바가지로 넘칠 듯이 떠와서는 입으로 물을 뿜으며 다리미질을 했다. 화로에는 부엌에서 장작불을 피워 만든 숯불이 무엇이라도 녹일 듯이 이글거리고 있었고, 둘이 마주 보고 앉아 이불 홑청의 끝을 잡은 팔에 힘을 주고 탁탁 소리를 내며 천이 찢어질 듯이 당길 때는 옆에서 보는 내가 괜히 이마에서 땀이 났다. 어린 눈에 불수레 같아 보이던 다리미가 가파른 언덕을 오르듯이 천천히 아주 천천히 언니 앞으로 왔다 가기를 몇 번 이불 홑청은 새것처럼 되었다.

 어디 그뿐이랴, 대청마루에서 하루에 한 번씩은 꼭 즐겼던 여름날의 낮잠이며 툇마루에 앉아 방문에 등을 기대고 본 밤하늘의 별은 또 얼마나 예뻤는지. 큰곰자리, 작은곰자리, 쌍

둥이별, 일곱 개의 별이 바가지 모양을 한 북두칠성 등, 저녁이면 언니의 별자리 이야기가 나의 꿈을 키워 주었다.

민속박물관 안에서 한 발자국씩 옮길 때마다 잊었던 추억은 나의 뇌리에 주마등처럼 스쳤다.

물질적으로는 많은 것이 부족했지만 마음만은 부자였던 그 시절이 눈물이 날 만큼 그리워졌고, 앞만 보면서 사느라 잊고 있었던 고향을 중년이 되어서 민속박물관에서 다시 보았다. 실로 오랜만에 고향의 참모습을 보았다. 가끔 찾아가는 고향에서 무엇인가 허전함을 느끼며 돌아왔던 이유가 시골집이며 농기구 등 모든 것들이 기계화된 탓이리라. 예나 지금이나 다 변해도 영원히 변하지 않을 흙과 더불어 살고 계시는 부모님이 지금 이 순간 너무나 보고 싶다.

동반자

한 해를 마무리하는 연말에 올해도 수고해준 남편에게 휴대전화를 선물했다. 평생을 애인 같은 아내가 되고 싶어 1번에 애인이라는 이름으로 내 번호를 저장했다. 나를 부를 때에는 숫자 1을 누르라며 휴대전화를 건넬 때 없어도 되는데 괜한 일을 했다고 말은 하면서도 행복한 표정을 짓던 남편의 얼굴이 아직도 눈에 선하다. 서로의 마음을 읽으려 노력하고 서로에게 무엇을 해 줄까 행복한 고민을 하며 사는 부부나, 좋은 글을 쓰고 싶어 하는 작가 지망생의 마음은 똑같은 거 같다.

처음 데이트를 했던 날처럼, 글 쓰는 방법을 처음 배우던 때의 기억도 생생하다. 만남이 거듭될수록 새로운 것들을 알아가는 재미에 하루가 짧았고 행복함에 세상은 온통 핑크빛이었다. 더 나은 모습을 보여주기 위해 하루에도 수십 번 거울을 보듯이, 무엇을 써볼까 오늘은 어떤 단어를 찾아볼까 설레어 밤이 깊도록 사전을 뒤적였다. 짧은 만남이 끝나고 헤어질 때는 아쉬움에 샐쭉해 있다가도 손이라도 잡아주며 내일 다시 만나자면 금방 환한 웃음을 보였었다.

매일 보면서도 그리워했듯이 주제를 정하고 소재를 찾아서 한 줄, 한 문장을 써 내려가면서 뿌듯함에 젖다기도 단어 하나에 문맥이 끊어질 때는 사소한 일로 다투고는 화해의 방법을 몰라 서로가 애를 태우는 듯했다. 그러다 생각지도 않았던 좋은 글귀를 만나면 며칠을 못 만나 속상해 있다가 아무 일도 없었다는 듯이 안부를 물어주는 그 사람에게서 더 진한 매력을 느끼며 행복해했었다.

서로에게 좋은 감정만 있을 때는, 넘치는 고집도 잦은 실수도 조금의 사치 정도는 아무 문제가 안 되었다. 한두 장의 글을 이치에 맞지 않게 온통 자랑거리로, 남의 흥으로 지면이 넘쳐도 애교로 보일 때처럼 서로에게 콩깍지가 씌듯이 훌륭한 작가가 된 듯 착각에 빠지기 때문이다.

이 시기가 사람이나 글에서나 가장 중요한 때인 것 같다.

좋은 인연으로 평생을 갈 것인지 상처를 주고 등을 보일지가 결정되듯이 매끄러운 문장과 전하고자 하는 주제가 분명한 좋은 글을 쓸 것인지, 원고 매수나 채워 자기만족에 안주하는 작가가 될지가 결정되기 때문이다. 다 안다고 착각하며 교만해졌다. 좋은 감정이 평생 갈 줄 알고 단점마저도 장점으로 보듬을 수 있다고 생각했었다. 어색해진 사이를 다독이려 밤새 끙끙대며 찾아놓은 단어가 아침이면 낯선 표정으로 앉아 있을 때는 무심코 던진 남편의 한마디에 상처를 받고 아파했던 기억이다.

왜 그런 말을 했을까. 내 입장만 너무 내세운 걸까. '내가 상대방이 미울 때 있으면 상대방도 내가 미워 보일 때 있는 법'이라던 남편의 말을 되새기다 보니 서운한 마음도 줄고 오해도 풀리게 되었다. 까칠했던 문장을 매끄럽게 다듬어 가는 방법을 터득함과 같은 이치다.

살다 보면 가끔은 괜히 미울 때도 있다. 그럴 때는 글을 쓰다가 적당한 단어가 생각나지 않을 때처럼 생각 주머니를 접어야 한다. 단숨에 좋은 글을 쓰겠다는 욕심을 버리고 마음을 비우다 보면 어느새 새로운 것들로 채워진다. 여유다. 삶에서나 글에서 가장 중요한 것이다.

서로를 잘 몰랐던 시절에는 군림하려 하고 사랑도 받고

싶어만 하고 다른 사람과 비교하며 상처를 주고받았다. 서서히 안 좋은 감정이 쌓여 고통 속에서 살기도 했고 무관심하게 사느니 차라리 헤어져 버릴까 한두 번쯤 생각도 했었다.

토닥대면서 남편과 20년이 넘게 살았다. 이제는 눈빛으로도 무엇을 원하는지 표정 보고도 어디가 아픈지 알 것 같다. 부부 사이 겪어보지 않고는 모르듯이 글도 써 보지 않고는 참맛을 모른다.

'애인'이었던 나의 이름이 세월에 따라 '반려자'로 '거인'으로 지금은 '동반자'로 남편이 바꾸어 놓았다. 평생을 애인 같은 아내로 살고 싶다는 나를 남편은 인생의 동반자 1번으로 꼽았나 보다. 나 역시 말보다 행동으로 표현하며 사는 남편이 내 생에 최고의 동반자다. 그리고 나를 낮추는 방법을 알게 해 준 글쓰기 또한 멋진 애인이다.

때로는 동반자에게 바가지를 긁으며, 차마 못 할 말은 애인에게 털어놓으며 곱게 늙어가야지. 언제쯤이면 남편의 사소한 행동으로도 많은 것을 읽을 수 있을 만큼 글쓰기에도 능숙해질까.

가을입니다

 거실 창문을 통해 본 하늘이 한 폭의 수채화 같은 가을입니다. 솜사탕 같은 하얀 구름은 나를 어서 나오라고 유혹의 손짓을 합니다. 누군가가 한입씩 베어 먹은 듯 조금씩 없어지는 뭉게구름을 안타까이 바라보다 초가을이면 즐겨 입는 연밤색 옷을 꺼내 입고 홍옥 빛 립스틱을 연하게 바르고 아껴두었던 향수를 두어 번 귓불을 비켜서 뿌리고는 현관문을 나섭니다.
 파란 하늘에선 금방이라도 푸른 물이 뚝뚝 떨어질 것만 같습니다. 양팔을 벌려 떨어지는 물을 받는 시늉을 하며 목적지도 없이 무작정 대로를 걷습니다.

'어디를 갈까, 누구를 만날까.'

곁을 스치는 사람에게서도 가을 향기가 나는 것 같습니다. 안면 있는 사람을 만났습니다. 괜히 목청을 높여 인사를 건넵니다.

쉴새 없이 오가는 버스 중에서 종로에 갈 때마다 이용하던 302번 버스에 오릅니다. 달리는 버스 안에서 본 하늘엔 솜사탕 같던 구름이 주인을 찾아 어디론가 떠 가는 것이 보입니다. 이제 하늘은 어릴 적 가을이면 늘 보던 고향 그 자체였습니다.

누렇게 익은 벼, 그 속에 한껏 멋을 내고 서 있는 허수아비, 빨갛고 노랗게 익어가는 과실들. 여기저기 제 나름대로 색깔로 피어있는 들국화들. 알알이 영글어 가고 있을 살사리꽃과 잔디 씨.

김장 무와 배추가 나날이 살쪄가고 빨갛게 잘 익은 고추가 아낙네의 손길을 기다리며 수줍은 새색시처럼 배시시 웃고 있을 것입니다. 조금 더 가을이 깊어지면 벼를 수확하는 콤바인더가 황금빛 들녘을 누빌 것이고 알록달록 과실들을 따는 아낙네들의 손길이 바쁘겠지요.

가을 단 무를 넣어 졸인 갈치의 구수한 맛과, 풋풋한 열무김치를 숟가락이 넘치도록 뜬 밥 위에 척척 걸쳐 먹던 새참의 맛이 그립습니다. 새참 생각에 고인 침을 삼키며 바라본 하늘에는 넉넉함이 가득한 구릿빛 농부들의 얼굴로 가득 차 있습니다.

종로서적 앞에서 내립니다. 누구를 만나기보다 혼자서 여유를 즐기는 것도 좋을 듯싶어 열었던 휴대전화기 폴더를 닫습니다. 서점으로 들어가 시집을 한 권 사서 6층 '전망 좋은 방'으로 갑니다. 토스트에 딸기잼을 발라 한입 가득 베어 물고 모카 향기 가득한 커피를 한 모금 마시니 몸이 공중에 가볍게 떠오르는 듯합니다. 눈으로 시를 읽고 있지만, 머릿속에는 허수아비도 낮잠 자느라 오지 않는 참새를 기다리며 졸고 있을 고향 생각뿐입니다.

내 고향은 가을이면 코스모스꽃 천지였습니다. 초등학교 가는 양쪽 길가에도 한들거리며 피어서 우리를 즐겁게 해 주었습니다. 꽃잎을 따서 비행기도 만들고, 귀밑에 꽂기도 하고, 윗옷 주머니엔 화사하게 장식 꽃으로 쓰기도 하고 늦가을이면 씨를 받아 빈 곳에 뿌리고 그래서 다음 해에는 더 많이 피어서 우리를 웃게 만들던 코스모스꽃을 그때부터 좋아했던 것 같습니다.

한 모금 남은 커피를 마시며 가을 여행 계획을 세웁니다. 누런 황금벌판을 지키는 경호원처럼 코스모스가 길가에 쭉

서 있는 시골길을 주인처럼 우쭐해하며 마냥 걸을 수 있는 그런 곳으로의 여행을 말입니다.

하늘이 흐려지는 걸 보니 해가 진 모양입니다. 집으로 돌아가는 버스에 올랐습니다. 시골 비포장 길을 뽀얀 먼지를 남기며 달리던 완행버스를 탄 것처럼 약간의 흔들림에도 몸을 이리저리 흔들어 봅니다.

올해는 가을 없이 겨울이 바로 올 거라던 기상청 예보와는 달리 분명히 내가 사계절 중에 가장 좋아하고 유난히 외로움을 느끼는 가을입니다.

모토

 봄의 길목, 고향 생각이 간절하다. 하릴없이 천장만 멀뚱히 바라보다가 휴대전화로 가고 싶은 곳들을 찾아본다. 가야산과 성밖숲, 성산 이씨 집성촌 한개마을. 휴대전화 속의 고향은 변함이 없고 언제든지 갈 수 있는 시간이 생겼는데 반겨줄 사람이 이제는 없다. 심드렁한 마음으로 손가락만 바쁘게 놀리는데 30년 전통의 '할매 묵집' 간판이 눈에 들어온다. 메뉴판을 눌러보니 메밀묵과 두부를 전문으로 하는 식당이다. 순간, 엄마의 놀란 얼굴이 떠올랐다.

 결혼하고 처음 집들이를 하는 날, 엄마가 메밀묵을 해 왔다. 며칠을 손님상에 내놓았더니 귀한 음식이라며 다들 좋아했다. 그 후로 집안 대소사를 치를 때마다 메밀묵을 해오시라 했다.

  작은 딸아이 돌 때도 머리에 이고 들고 올 엄마를 마중하러 서울역으로 갔다. 기차가 도착하고 사람들이 밀물처럼 쏟아져 나왔다. 행여나 놓칠세라 눈도 못 깜빡이며 쳐다보고 있어도 엄마가 나오질 않는다. 흩어져 가고 있는 광장의 사람들을 뒤따라가며 살펴보아도 비슷한 사람도 없다. 나보다 더 놀랐을 엄마를 생각하며 뛰기 시작했다. 두 눈에 불을 켜고 역사 안으로 밖으로 수없이 오가며 찾아도 보이지를 않는다. 얼마나 뛰어다녔을까, 머릿속이 하얘지며 눈물이 쏟아졌다. 기운도 없고 갈 곳도 잃어 비틀대며 간신히 걷고 있는데 광장 한 곳에 우두커니 서 있는 익숙한 모습이 눈에 들어왔다. 손등으로 눈물을 훔치고 바라보니 엄마가 사색이 되어 서 있다. 메밀묵 보따리를 앞에 놓고, 우리 집 주소와 전화번호가 적힌 쪽지를 손에 꼭 쥐고서. 안도의 한숨 대신 어디로 나왔냐고 쏘아붙이고는 혼자 들기에는 버거운 메밀묵 보따리를 겨우 들고 집으로 왔다. 그 후 메밀묵은 내 기억에서 지웠다, 아주 깨끗하게.

  잊고 있었던 엄마와의 아픈 추억이 떠오르니 메밀묵이 먹고 싶어졌다.

　한국 음식 중에 가장 만들기 어려운 음식이 묵이라고, 과정이 너무나 까다롭고 어려워 음식을 잘하는 사람조차도 엄두를 못 낸다고 했다. 묵을 쑬 때도 물의 농도며 불의 세기 조절이 쉽지 않고 다 될 때까지 쉬지 않고 저어야 하고, 메밀보다 물이 많으면 묽어서 흐물흐물해지고, 물이 적으면 딱딱해서 부서지고, 화력도 강하면 눌어붙고 약하면 잘 응

고가 되지 않아 힘들다는 메밀묵을 툭하면 해오시라 하고, 하는 것도 버거운데 무거운 것을 들고 먼 길을 오시게 했으니 무지했던 나를 생각하기도 싫다.

그때는 평생을 내가 원하는 것을 해주며 곁에 있어 줄 거라 믿었는데 이제 엄마는 고향 어디에도 없다. 살던 집도 허물어버려 흔적도 없고, 세상을 떠난 지도 오랜지라 그리움도 옅어졌는데 메밀묵이란 단어가 엄마를 만난 듯이 반갑다.

무작정 길을 나섰다. 기다리는 사람은 없지만 갈 이유가 생겼으니 신나게 고향에 간다. 하늘도 맑고 산과 들에는 꽃향기마저 나는 듯하다. 세 시간을 달려온 할매묵집에는 손님들로 가득하다. 메뉴판에 있는 음식들을 한 그릇씩 주문해 놓고 기다리는 동안 엄마와의 더 많은 추억을 소환한다.

보리밥을 싫어하던 엄마로 인해 남들이 부러워하던 하얀 쌀밥만 먹으며 우리 7남매는 자랐다. 딸만 줄줄이 낳는다고 모질게 시집살이를 시키고 온갖 구박을 하는 할머니의 모진 소리에도 밥만큼은 고수했던 우리 엄마. 혼분식 장려 운동으로 잡곡밥을 싸가야 한다며 투덜대는 내 도시락에 보리쌀 몇 알로 위장해주며 웃으시던 엄마의 모습이 지금도 눈에 선하다. 두부를 만드는 날에는 아버지가 가마솥에 장작불을 지피고 불려놓은 콩을 맷돌에 갈아주신다. 간수를 넣으면

콩물이 몽글몽글해지는 것이 신기해서 넋 놓고 있으면 엄마는 이마의 땀을 손등으로 쓱 닦고는 순두부를 한 그릇씩 퍼주며 행복한 표정을 지으셨다. 콩 찌꺼기를 숙성시켜 만든 비지장, 안방 윗목에는 청국장을 만드느라 콩이 발효되는 냄새가 겨우내 났던 어린 시절. 이상한 냄새가 난다며 싫어했던 것들을 지금은 어떤 고급 요리보다 좋아한다.

생각지도 않았던 잘 띄운 비지와 청국장이 밑반찬으로 나왔다. 특별한 조연에 밥상이 푸짐해졌다. 메밀묵밥을 맛있게 먹고 보리밥에 콩비지와 청국장을 넣어서 쓱 비벼 먹고 손두부와 부추전을 양념장에 찍어 먹으며 고향에 앉아있으니 부러울 것이 없다.

엄마가 타주던 커피믹스 대신 자판기에서 커피를 뽑아 들고 차에 오른다. 달리는 차창 너머로 본 하늘에는, 한순간도 잊어본 적이 없고 평생을 자식들이 당신이라 믿고 사셨던 또 다른 내가 빙긋이 웃고 있다. 집으로 오는 내내, 행복했던 어린 시절이 한 편의 영화가 되어 내 머릿속에서 상영되고 있었다.

용서와 화해

 용서는 내가 하는 것이고 화해는 누군가랑 하는 일이다.
 언뜻 보면 혼자서 하는 것이 둘이 해야 하는 일보다 훨씬 쉬울 것 같지만 내 마음조차 내 뜻대로 못하고 사는 나로서는 용서가 더 어렵다. 화해야 넓은 마음을 가진 상대방이 먼저 손을 내밀면 못 이긴 척 잡으면 가능한 일일 수도 있지만 한번 미운털 박힌 사람을 용서하는 것은 정말 어렵다. 남의 일에는 나 역시도 용서가 뭐 그리 어렵냐고, 눈 한번 질근 감든지 침 한번 삼키며 잠시 참으면 할 수 있는 일이라고 조언을 하지만 정작 내 일에는 잘 안 된다.
 이유 같지 않은 일들로 나를 아프게 했던 사람들과 남들

같으면 열두 번도 더 풀었을 만큼 세월이 흘렀지만, 한여름 가족 모임 때만 되면 그들과 만남이 싫어 가슴을 앓는다. 머리로는 이제 이해하자 해 놓고 마음은 그들을 보지 않을 방법을 생각한다. 그래도 내가 할 도리를 들먹이며 마음을 다잡아 보지만 머리와 가슴이 따로 노니 온몸이 작열하는 태양처럼 이글댄다.

살다 보면 억울한 일을 당할 때가 있다. 대부분이 가벼운 오해가 빚은 것들이라 쉽게 풀리지만 내가 하지도 않은 일을 옆에서 본 것처럼 남들에게 말하고 비난받아 마땅한 듯이 몰아붙일 때는 그냥 당할 수밖에 없다. 더군다나 상대가 어른일 경우에는 대꾸 한번 못하고 그냥 듣고만 있어야 한다. 그래야만 그나마 버릇없다는 누명까지는 쓰지 않으니까. 이런 일들이 남의 일일 때는 진실은 언젠가 밝혀진다며 어쭙잖게 위로를 했었지만 내가 겪어보니 너무 기가 막혀 자다가도 벌떡 일어나진다.

우리나라 시댁 여인들은 집안에 우환이 생기면 새 식구가 잘못 들어와서 그렇다는 말을 한다. 좋은 일들은 당연히 내가 잘해서이고 안 좋은 일들은 강산이 변할 만큼 세월이 흘러도 새 식구 타령을 한다. 당신은 새 식구인 적이 없이 어른이 되고 부모가 된 것처럼 말을 할 때면 입이 열 개라도 할 말이 없다. 세상에는 어른답지 못한 사람들이 참 많다. 어른이 어른답게 처신을 못할 때 아랫사람의 불편은 이루 말할 수가 없다. 자기 기분에 따라 원하는 것 또한 조석으로 달라지니 무엇을 기준 삼아 말하고 행동해야 할지 어렵다.

나 혼자만 잘하면 되는 줄 알고 시작했던 결혼생활에 지나치게 간섭하는 시댁 어른들이 많아 하루하루가 힘들었던 그때. 고혈압을 앓고 있던 아버님의 몇 번의 병원 신세를 내가 잘못 들어와서라며 퍼붓던 그들에게 속수무책으로 당하며 서럽게 울었던 그때를 생각하면 아직도 심장이 벌렁거린다. 조용히 타일러도 되련만 많은 이들이 오가는 곳에서 큰소리로 당신 할 말만 쉬지 않고 해대는 그들에게 방패막이는커녕 잘못했다고 비는 남편이 한심스러워 더욱더 눈물은 쏟아지고 앞날이 캄캄했던 그 날, 지금도 가끔 떠올라 온몸에 소름이 돋게 한다. 하늘이 무너져도 이렇게 기가 막힐까. 평생에 이렇게 억울한 일이 또 있을까. 그들과 만나야 하는 날이 정해졌다는 통보를 받는 그 순간부터 불면의 밤은 이어지고, 겨우 잠들었다가도 깨고, 생각만 해도 분하고 억울하여 잠을 설치니 생활의 리듬과 몸 상태는 엉망이 되어 가고, 모임 날이 가까워질수록 이성과 감성은 종일 싸움을 하며 나를 괴롭히는데 이제는 용서하라며 부탁 조의 압력을 가하는 남편은 나를 더 화나게 했다.

남들은 순진했던 옛날의 나처럼 말한다. 부모 죽인 원수도 아닌데 용서 못 할 일이 뭐 있냐고. 나도 한때는 그랬었지만, 지금은 본인이 당해봐야 안다며 무시해 버린다. 남의 큰 상처보다 내 손톱 밑 가시가 더 아프다고, 큰 상처로 가슴앓이를 오래 하면 이해라는 단어 따위 생각도 못 한다. 남을 미워하는 마음이 클수록 내가 더 아프다. 그것을 알면서도 쉽게 털어 버릴 수가 없는 일은 상처가 너무 깊기 때문이다. 찢어지거나 부러진 것이야 아물면 잊을 수도 있지만 보이지 않는 곳의 상처는 치료가 힘들다. 깊이를 모르니 완치도 어렵다. 가끔은 잊으려고 노력해보자 마음을 먹다가도 미안한 기색도 말도 없는 그들의 뻔뻔한 얼굴을 보면 잠들어 있던 울분이 또다시 고개를 든다.

'용서는 상대방보다 내가 편하기 위해 하는 것'이라 했다. 상대방이 듣고 싶은 말을 해주는 것을 최고의 배려라 나는 생각한다. 더 잘 알기 위해서 노력하고, 모두의 마음을 잘 읽으려고 끝없이 배우며 사는 것이 잘사는 것이라 믿으며 또 나이를 먹어 간다. 하지만 미운 마음을 내게 심어준 그들에게는 어떻게 하면 더 마음 아프게 하고 상처 줄 말들을 생각하게 되는지….

어쩌면 화해도 상대방과 하는 것이 아니라 단점만을 보며 미워하는 마음을 가진 나와 좋은 점만 보며 매사를 긍정적으로 생각하는 또 다른 나로부터 시작되어야 하지 않을까. 작열하는 태양 아래 서서 어쩌면 나로 인해 나보다 더 큰 상처를 안고 살아가는 이는 없을지 생각에 잠긴다. 머릿속이 뜨겁다.

변명

 세상에 하고 싶은 말을 다 하면서 사는 사람이 있을까.
 나를 아는 사람들은 나의 성격이 좋고 그름이 분명하다고 하고 싶은 말도 다 하고 사는 줄 안다. 어디서든 참지 않는다고 마음속에 있는 말까지 다 하는 줄 알지만 정작 해야 할 말을 못 해서 더 수다스러운 나의 본심에는 관심도 없다. 다혈질이라 짜증도 화도 잘 내지만 상대방을 생각해서 참말로 하고 싶은 쓴소리는 삼켜 가슴에 쌓아두는데, 심지어 하지 못한 말 한마디로 몇 년 동안 가슴앓이를 하고 있다면 믿기는 할까.
 췌장암 말기 진단을 받고 입원해 있던 어머니와 이틀 밤을 보내고 집으로 돌아오기 위해 승강기를 기다리는 동안, 꼭 안아드리며 사랑한다는 말을 하고 싶었는데 링거병을 매달고 있는 거치대와 줄이 거슬려 안아드리기는커녕 아무 말도 못 하고 돌아서는데 닫히는 문틈 사이로 손을 흔들고 계시는 어머니의 표정이 슬퍼 보였다. 다음엔 꼭 해야지 벼르며 기다렸는데 중환자실에서 다시 만난 어머니와의 이별이 두려워 쓸데없는 말만 자꾸 해댔다. 막내딸의 수다에 잠시라도 고통을 잊고 환하게 웃으시다가도 칠 남매 키우느라 문드러진 속에 복수가 차서 숨 쉬는 것도 힘겨워했다. 벽에 기대는 것도 못 한 지가 열흘이 넘었다더니 새벽이 되니 슬그머니 눕더니만 삼 일 후에 돌아가셨다. 밤새도록 꼿꼿이 앉아 있는 모습이 안타까워 어머니 등에 달라붙어 안아도 주었다가, 작은 등 내밀며 기대라고 두 발 벽에 붙이고 혼자서 용도 써보고, 어떻게든 편하게 해드리고 싶어 안달했던 그 날이 어머니와의 마지막 추억이다. 여섯 번째 제삿날인 오늘까지 되돌리고 싶은 순간으로 기억되는 것은 입안에서만 맴돌다 사라진 사랑한다는 말 한마디를 못 한 까닭이다.

  사랑하는 사람을 잃어봐야 소중함을 알듯이 말 또한 필요한 순간에 해야 여한을 남기지 않는다. 간혹 말과 행동을 다르게 하여 모자라거나 실없는 사람이 되기도 하고, 제때에 못 하여 오해를 부르고 서운함을 남기더라도 해야 할 때는 하면서 살아야 한다. 말의 위력을 알기에 역지사지해 가며 잘한다고 하는데도 급한 성격이라 요점만 말하여 까칠하다는 소리도 듣고, 원칙에 어긋나거나 본인의 욕심으로 일을 진행하는 사람들에게는 화부터 내다보니 까다롭다는 말 또한 어쩌다 듣는다. 남들에게는 원칙을 내세우고 경우를 따지면서 정작 가족들이나 나를 좋아하는 사람들에게는 늘 내 마음대로이다. 어려서는 칭찬에 인색한 아버지 밑에서 살았고 결혼과 함께 감정표현은 고사하고 너무 말이 없는 남편과 살다 보니 나도 모르게 그들을 닮았나 보다. 힘드는 일도 아닌데 해보자 마음먹다가도 칭찬이나 애정 표현을 해야 하는 순간이 오면 마음과는 달리 엉뚱한 말을 한다. 그래놓고는 아이들도 아닌데 일일이 말을 해야 아느냐며 또 나를 합리화시키고. 가까운 사람들에게 더 잘해야 하는데 못하여 사달이 난 것이다.

  무슨 일이 든 때를 놓치면 똑같은 기회는 절대로 오지 않는다. 하고 싶은 것도 미루다 보면 평생을 못 하게 된다. 말도 상대방이 듣고 싶어 할 때 해주는 것이 관심이고 사랑이다. 말 한마디가 천 냥 빚도 갚는다고, 알면서도 행하

지 못하는 내가 참 한심하다.

어머니가 돌아가시고 우울해하다가 「친정엄마」 연극을 봤다. 공연 내내 주인공인 딸의 이야기가 내 마음 같아 훌쩍였다.

'엄마 미안해, 사랑한다는 말 한마디 못 해 줘서 엄마 미안해, 내 이야기만 하고 엄마 이야기는 들어주지 않아서 엄마 미만해, 늘 투정만 부리고 짜증만 내서…'

지금껏 때를 놓쳐 못했던 말들이 어찌 이뿐일까. 남편이나 딸들에게도 축하할 일이나 하던 일이 잘 안 되어 우울해할 때 당연히 해야 했던 격려와 애정 어린 말들, 가족이나 친지들 그리고 나를 아는 많은 이들에게 도리로라도 꼭 해 주어야 했던 말들, 말이 아니면 행동이라도 해야 했었는데 그마저 나에게는 먼 나라 이야기다. 가끔은 나를 닮아 감정 표현에 인색한 딸들에게 부모의 안 좋은 점은 뭐하러 닮았냐며 핀잔을 주지만 그것은 나에게 하는 넋두리다.

마흔이 넘어 결혼하는 사촌 시누이 결혼식에 먼 길 달려간 나를 작은어머님이 꼭 안아주며 '사랑해' 한다. 돌아가신 어머니에게 그 한마디를 못 해서 몇 년을 마음고생 하는 나를 위로받는 것 같아 눈물이 핑 돈다. 남들은 이렇게 쉽게 하는 말을 난 왜 못하는지 자책을 하면서도 또 화답을 속으로 삼킨다.

  유일하게 인간은 말로써 감정표현을 한다. 잘 아는 사람들의 표정이나 행동으로 마음을 읽을 수도 있지만 말하지 않는 이상 다 알 수는 없다. 가까운 사이일수록 속마음을 내보이며 살아야 한다고 말은 하면서도 못하는 주제에 무슨 할 말이 있을까마는 세상에 하고 싶은 말 다 하며 사는 사람 있으면 나와 보라고 해, 오늘도 큰소리다.

사랑이 뭐길래

거리마다 낙엽 뒹구는 소리가 음악처럼 들린다. 이런 날에는 따뜻한 차가 생각나고, 보고 싶어도 볼 수 없는 사람이 그리워지며 잊고 있던 추억이 고개를 든다. 굴뚝마다 연기가 하늘을 향해 내달리면 엄마의 도마 소리가 오케스트라의 연주처럼 마당에 울려 퍼지고 뒤이어 코끝을 자극했던 된장찌개의 구수한 맛. 7남매 옹기종기 밥상에 둘러앉아 배추김치 사이에 박아 둔 무 한 조각 젓가락에 찔러 들고서는 밥 한 숟가락 무 한입, 또 한 숟가락 된장 한 모금, 어머니의 사랑과 정성이 가득한 밥상이 세상 어떤 산해진미에 비할 수 있었을까. 부자는 아니었지만 아쉬운 것 없이 살았던 어린 시절, 부모님과 네 언니, 그리고 밑으로 남동생 둘. 두세 살 터울이지만 큰소리 한 번 난 적 없는 우리 집을 동네 사람들은 아이들은 많지만 가장 조용한 집이라 불렀었다. 내가 조금 손해 보듯이 살고 촛불 같은 사람 되라는 아버지의 말씀대로 언니들은 동생들을 잘 돌보고 아우들은 또 언니나 누나들을 잘 따르며, 동네 어른들께도 인사성 밝은 아이들로 자랐다. 부모님과 언니들의 사랑을 넘치도록 받아서인지 나는 감정 표현에 거침이 없다. 언제 어디서나 누구에게나 당당했고 경우에 어긋나거나 원칙을 무시하는 사람들에게 바른 소리를 했다. 무서울 것이 없고 비굴하지 않을 수 있었던 것이 사랑의 힘이었다는 것을 그때는 왜 몰랐을까.

인정 많고 부지런한 어머니, 매사에 철저하고 불의와는 절대로 타협하지 않았던 아버지. 부모님의 좋은 점을 내가 제일 많이 닮았다고 언니들은 말하지만 내가 보기엔 아버지를 닮아 부러지는 성격이, 물에 물 탄 듯 술에 술 탄 듯한 남자가 볼 때 좋아 보였나 보다. 나 역시도 신중하고 차분한 남자가 든든해 보여 약혼을 하고 결혼식장에서 주례사가 검은 머리 파뿌리 되도록 서로 믿고 의지하며 사랑하겠느냐는 질문에 1초의 망설임도 없이 네라고 답을 했었다. 사랑이 최고라 믿었던 젊은 날, 사랑만 있으면 못할 것이 없을 것 같았는데 결혼은 현실이라 상상 밖이고, 작은 일들로 삐걱대는 부분을 맞추느라 늘 토닥대면서도 아이들을 위해서 삼천지교는 못 해도 백문이 불여일견이라며 주말마다 데리고 나다녔다.

어느 무더운 여름날, 시원한 휴양림에서 자연을 벗 삼아 놀다가 일몰을 본다고 남편이 딸들을 데리고 서둘러 언덕으로 가고 나는 천천히 뒤따르며 여유를 즐기는데 이십 대 젊은 여자가 두세 살쯤 되어 보이는 아이를 업고 나를 앞지른다. 몇 발자국 걷던 여자가 아이에게 대뜸 사랑이 뭔 줄 아느냐고 물었고 어린아이가 사랑을 알까 대답이 궁금해서 바짝 붙어서 걷는데 아이는 말이 없다. 무슨 사연이 있길래 어린아이를 상대로 마음을 터놓을까, 실연이라도 당했나 쓸데없이 생각이 많아지는데 '사랑은 말이야, 눈물의 씨앗이야.' 그녀가 한숨과 함께 독백처럼 내뱉던 사랑의 정의, 순간 나도 모르게 소리 내어 웃었다. 힐끗 쳐다보던 그녀도 멋쩍게 웃고 한창 예쁘게 사랑할 나이에 한숨이라니 짠한 마음이 들었는데 사랑해서 결혼해보니 시어머니의 시집살이가 매워서 울고, 남편도 내 편이 아닌 남의 편처럼 굴어 서러워서 울고, 시댁 식구들에게 조금만 소홀해도 다 내 탓을 하니 억울해서 또 울고. 불쌍한 것은 그녀가 아니라 나라는 생각을 철없이 했었다.

 자상하고 책임감이 강한 남편은 말이 없다. 말 많은 남자, 나도 싫지만 어쩌다 만난 친구가 남편과 도란도란 주고받은 정담을 전할라치면 살짝 부러운 마음이 든다. 그런 날에는 친구의 남편을 팔아가며 나의 수다에 맞장구쳐주길 기대해보지만 그런 남자 만나서 결혼하지 그랬냐며 대화까지 끊어 놓는다. 사랑한다는 말 한 번만 해 달라고 해도 그걸 꼭 말을 해야 아느냐고 핀잔을 주고, 살면서 해주겠다던 다이아몬드 반지 언제 해줄 것이냐고 투정이라노 부리면 속물취급을 한다. 무뚝뚝하고 재미도 없는 데다 나의 마음조차 몰라 줄 때는 또 심순애가 부럽다. 이수일의 지고지순한 사랑을 버리고 김중배의 다이아몬드에 눈이 멀었다고 다들 손가락질을 하지만 얼마나 현명한 선택인가. 사랑이 밥 먹여주는 것도 아니고 생활고를 겪게 되면 사랑마저도 창문으로 도망간다 했거늘, 순애의 사랑이 가난해서 달아나는 일은 없었을 테니 말이다.

 세월 탓인가, 남편이 달라졌다. 예전 같으면 어디 가느냐고 묻는 것도 싫어하더니 요즘은 외출에서 돌아와서는 뭘 했는지 이야기도 곧잘 한다. 심지어 현관을 나서면서 누구를 만나러 간다고도 한다. 오늘은 바퀴 달린 골프가방을 사왔다. 무겁게 들고 다니기 불편한데 끌고 다니니 좋아 보이더라 했더니 기회가 생겨서 샀다고 했다. 말로는 아닌 척하고 무심해 보여도 지나가듯이 한 나의 말을 마음에 담아두었다가 때맞추어 해주니 이럴 때마다 서운하고 힘들어서 도망갔던 사랑이 슬그머니 제자리로 돌아온다.

말 없는 사람과 살다 보니 나도 그를 닮아간다. 이제는 말하지 않아도 서로를 알 수 있으니 말이 필요 없다. 때로는 알면 속상할 일들은 굳이 안 해도 되니 또 말이 필요가 없다. 말 많이 해서 화근을 만드느니 할 말만 잘하면서 사는 것이 삶의 지혜이고 서로에 대한 배려다. 말 없어도 칭찬은 아끼지 않고 아무리 큰 실수를 해도 괜찮다고 다독여 주니 이보다 더한 애정 표현이 어디 있다고 욕심을 부렸을까.

이만큼 살아 보니 받아서 좋고 줄 때 더 좋은 것이 참사랑이 아닐까 싶다.

삶의 덤

 작은 것이라도 크게 와닿는 것이 덤이다. 시장에서 콩나물을 살 때도 한 움큼 더 주면 함박웃음을 짓게 되니 말이다. 일상의 소소함도 좋지만, 최고의 덤은 여행이다.
 여고 동창들과 환갑 기념으로 떠난 베트남 여행. 코로나19로 한 해 늦게 날짜와 갈 곳, 비행기와 여행사 선택을 하고 계약금을 내는 것으로 함께 갈 인원이 정해졌다. 여행을 기다리며 기대와 걱정으로 밤잠을 설치기도 했지만 출발하는 날 인천공항에 모인 벗들의 얼굴엔 웃음꽃이 피었다.
 아침 먹으러 가자는 한 친구의 카톡이 낯선 곳에서의 첫 아침을 알렸고, 삼삼오오 모여 앉아 식성대로 만찬을 즐기고는 리조트에 인접해 있는 바다 산책에 나섰다. 바다를 배경으로, 야자수 나무 아래에서, 예쁘게 꾸며놓은 곳들에서 사진을 찍으며 일상에서의 탈출을 실감하기 시작했다.

CNN이 선정한 세계의 볼거리 10대 중에 속한다는 '골든브릿지'에 올라갈 때는 나누어 타도 된다는 케이블카에 굳이 열한 명이 함께 탔다. 고도가 높아 한참을 안개 속에 올라가니 두 손으로 다리를 떠받들고 있는 모습의 골든브릿지가 나타났다. 황금색이 햇빛을 받아 눈이 부시다. 탄성이 절로 났다. 멋진 모습을 마음과 카메라에 열심히 담고는 정상으로 가기 위해 다시 케이블카에 올라서는 첫 추억거리에 신이 났다. 참새처럼 재잘대며 바나힐 정상에 올라가니 동남아에서 만나는 유럽이라는 수식어가 잘 어울린다는 프랑스 마을이다. 판타지 파크, 플라워가든, 전망대… 시간이 없어서 제대로 못 본 바나힐의 아쉬움을 나란히 누워 마사지를 받으며 풀고는 여행 첫날을 마무리했다.

둘째 날은 산 전체가 대리석인 마블 마운틴에 올라가 시원한 동굴 탐방을 하고는 다낭에서 30km 정도 떨어져 있는 호이안 관광이다. 도자기와 목공예 마을을 지나 바구니 배를 타러 투본강에 가니 현지인이 가요에 맞춰 춤을 추며 흥을 돋운다. 노를 저으면서도 온몸을 흔들어대는 모습이 안쓰럽기도 하지만 열심이니 보기는 좋다. 강 한가운데 서너 명이 설 수 있는 무대를 만들어 놓고 어쭙잖은 발음으로 열창하며 관광객들을 유혹한다. 자석에 끌리듯 올라간 친구들은 천 원짜리 몇 장을 그들에게 건네고는 쌓인 스트레스를 털어 내듯이 열심히 흔들어댄다. 진탕 놀고 나니 바구니 배를 팽이처럼 돌리는 묘기를 보여준다. 손뼉을 치며 환호성을 질러대니 그들도 더 신나게 돌리며 화답을 했다.

늦은 오후에는 베트남 옷을 한 벌씩 사 입고 호이안 구시가지 투어에 나섰다. 호이안에서 가장 오래된 '풍흥의 집', 호이안 역사의 흔적 '떤키의 집', 호이안의 상징 '내원교', 베트남 속의 작은 중국 '광조 회관' 그리고 호이안 신시가지에 있는 시장과 투본강 야경까지.

곳곳을 누비고 다니느라 선글라스 한쪽 알이 빠진 것도, 가방 속의 휴대전화를 날치기당한 것도 몰랐던 둘째 날, 숙소로 돌아가는 차 안에서는 수다도 물이 올랐다.

여행 마지막 날에는 다낭 대성당과 조각공원을 보고, 세계 6대 비치 중 하나라는 미케비치에서 자유시간을 가졌다. 부드러운 비단 같은 모래밭을 바지가 다 젖도록 뛰어다니다가 다낭에 있는 한강에서 유람선을 타기 위해 가는 길에는 아쉬운 마음을 대신해서 비가 내렸다. 배에 올라 야경을 보

며 추억에 젖어있으니 어린 소녀가 올라와서 전통춤을 추고는 내려간다. 출발을 알리는 유행가가 다시 울려 퍼지고 자연스럽게 따라부르며 서울인가 다낭인가 헷갈릴 때쯤, 여의주를 물고 하늘로 올라가는 듯한 용의 모습이 보인다. 다낭의 명소, '용다리'다. 정말 멋지고 환상적이다. 되돌아가기 위해 유람선이 뱃머리를 돌리니 여흥을 주체 못 한 친구들이 다시 춤판을 벌였다. 낯선 이들까지도 동참하게 만들어서는 정신없이 흔들어대는 모습이 영락없는 여고생이다.

놀아오는 다낭 공항에서는 사랑은 언필로 쓰라던 가수를 만났다. 기회를 놓칠 리 없는 친구들은 연예인이라며 우르르 몰려가서는 하트를 남발하며 사진을 찍어댔다. 굴러가는 낙엽 보고도 웃는다는 사춘기가 되어 보낸 여행의 마지막까지 요란은 계속되었다.

처음으로 떠난 동창들과의 외국 여행이 이렇게 즐거울 줄은 상상도 못 했다. 종일을 함께 하고도 모자라 밤마다 한방에 모여 새벽까지 수다를 떨고 헤어질 때는 오늘 못다 한 이야기는 내일 하자며 깔깔댔다. 여러 명이 다니니 가는 곳마다 이야깃거리를 남기고 며칠을 함께 하더니 이제는 눈만 마주쳐도 입이 귀에 걸린다.

일상이 무료할 때는 지하철이나 버스를 타고 한적한 곳

으로의 짧은 여행을 즐기고, 조금 더 시간이 허락되는 날에는 기차 여행도 좋아했다. 힘들 때는 지친 나에게 휴식을 주고 새로운 것을 보며 자극을 받기 위해 수없이 떠나고 돌아오기를 반복하며 살았지만 이렇게 많이 웃어본 여행은 처음이다.

여행하고 돌아온 지 한 달이 지났다. 집안일을 하다가도, 길을 걷다가도 신나는 노래만 들려도 흥을 주체 못 해 어깨를 들썩이던 벗들이 생각나서 웃는다. 함께 멋진 추억 더하는 일도 좋았지만, 마음과 주머니에는 친구들의 사랑과 우정, 믿음과 배려라는 덤이 평생을 꺼내 볼 만큼 가득 차 있다.

공짜는 허투루 쓰기 쉽고 나쁜 습관을 만들 수 있지만, 덤은 나의 노력과 대가가 있어야 가능하다. 돈으로 살 수도 없고 누가 대신 줄 수도 없다. 한 번으로 누군가는 한 달이 행복할 수도 있고 혹자는 평생을 웃으면서 살 힘을 얻을 수도 있다. 많은 시간과 돈을 들인다고 크고 좋은 것도 아니고 지혜롭게 부지런 떨면 남들보다는 더 누릴 수 있는 덤. 생각만 해도 웃음이 절로 난다.

언젠가는

몇 년 만에 가는 고향길, 하늘이 잿빛이다.

큰이모가 엄마처럼 췌장암에 걸렸다는 소식이 왔었다. 길어야 1년을 사실 것이라고 의사가 말했다는데 모른 척하고 있었다. 너무나 고통스러워하던 엄마의 마지막 모습을 이모를 통해 또 보아야 하다니, 다시는 생각조차 싫어서 무심히 지냈는데 계절이 바뀌었다. 문득, 이렇게 넋 놓고 있다가 엄마처럼 제대로 된 인사도 못 하고 이모도 보내게 될까 봐 겁이 났다. 엄마 대신 이모라는데 당장 가 봐야겠다는 나의 말에 바쁜 일정을 취소해가며 남편이 동행을 자청했다.

암 선고를 받은 엄마는 두 달도 채 못 살고 우리 곁을 떠났다. 믿어지지 않는 현실과 엄마가 없는 세상은 상상도 안 되었고 죽음 따위는 남의 일이었다. 엄마만큼은 평생 내 곁에 있어 주리라 믿었기에 의사의 오늘이 고비라는 말조차 듣지 않았다. 배에 찬 복수로 눕지도 못하고 열흘을 버티시더니 나와의 마지막 정담을 끝으로 엄마는 떠났다. 새벽까지 수다를 떨다가 잠깐 눈 붙이고 일어났는데 거짓말처럼 엄마가 누워서는 눈도 못 떴다. 이별이 두려워 고마웠다고, 사랑한다는 말 한마디 못하고 보낸 것이 한이 되었는지 한동안은 자면서도 흐느껴 우는 나에게 아침마다 꿈을 꾸었냐며 남편은 물었다. 슬픔이 나를 삼켜 무의식 속에서도 슬피 울 만큼 엄마의 부재가 충격이었나보다. 뒤따라온 무기력증, 만사가 귀찮았다. 이젠 어떡하지, 엄마 없이 어떻게 살지, 그냥 눈물만 났다. 강산이 변할 만큼 세월이 흘렀어도 그립고 보고 싶은 마음은 여전하고 엄마가 없는 세상이 너무 허전해서 싫은데 이모가 또 엄마의 전철을 밟아야 하고 이종사촌들은 또 나처럼 이별의 슬픔을 겪어야 한다니 생각만 해도 가슴이 먹먹하다.

세 분 이모와 외숙모가 한자리에 모였다. 큰이모의 화통했던 목소리와 여장부 같던 모습은 간데없고 얼굴은 넘어져

긁힌 상처투성이다. 걱정스러운 표정으로 바라보는 우리에게 큰이모는 엄마처럼 괜찮다고 말하고는 웃었다. 이모들과 외숙모가 정담을 나누며 식사를 하고 우리도 옆자리에 앉아 그들의 이야기에 귀를 기울였다. 언니들에게 투정을 부리는 막내 이모, 여든의 중반이지만 이것저것 배우며 즐겁게 사신다는 둘째 이모, 그들의 이야기를 들으며 웃고만 있는 큰이모. 모처럼의 만남이 즐거운지 시간이 갈수록 웃음소리도 잦다. 아무렇지 않은 듯이 서로를 챙기며 식사를 끝내고 시원한 수박까지 한 조각씩 먹고 헤어질 시간이다. 떨어지지 않는 발걸음, 목이 멘다. 이런 나를 이모들은 꼭 안아주며 엄마 생각나면 언제든 당신네 집으로 오라신다. 만나서 반갑고 즐거웠다기보다 무엇을 빠트린 듯이 허전하다. 승용차로 서너 시간 걸리는 고향이 멀기는 하지만 부모님 살아계실 때는 고속기차를 타고 와서 몇 시간 수다 떨다가 저녁에 가곤 했었는데 이렇게 좋아하시는 것을 이제야 해 드렸다는 죄책감에 마음이 무겁다. 또다시 함께 볼 수 있을까. 모두 배웅하고 차에 오르니 만감이 교차한다.

  소중한 사람들이 하나둘 내 곁을 떠날 때마다 삶과 죽음을 생각한다. 아버지 떠나고 50일 후에 엄마를 보내면서 그곳에 아버지가 계시니 맘 편히 가실 수 있겠다는 생각을

했었다. 이제는 힘든 집안일과 밭일에서도 벗어나 편히 쉴 수도 있겠다며 나를 위로하고, 허토를 하면서는 열심히 잘 살다가 훗날 만나러 가겠다고 했고 사십구재 날에는 사진을 끌어안고 목놓아 울면서 마지막 인사를 했었다.

생로병사의 이치를 누가 거스를 수 있을까만은 엄마의 뒤를 따라 이모가 가신단다. 누구도 피할 수 없는 끝을 향해 모두 가고 있지만 소중한 사람들을 많이 잃어서인지 감정도 무디어진다. 특별히 기쁠 일도 엄마가 돌아가셨을 때처럼 목놓아 울 일도 없다. 잠을 자듯이 죽으면 좋겠다고 엄마가 자주 하셨던 말씀을 몇 년 전에 이모도 내게 하셨었다.

부모도 배우자도, 친구도 친척도 모두 떠나고 나면 죽음이 덜 무서울까. 개똥밭에 굴러도 이승이 좋다고들 하지만 각자의 복만큼 건강하게 잘 살다가 모두가 잠을 자듯 고통 없이 이 세상 소풍을 끝냈으면 좋겠다.

집으로 돌아오는 길, 하늘은 여전히 잿빛이다.

자리(席)

쌀뜨물로 뭇국을 끓인다.

들기름에 달달 볶은 무에 쌀뜨물이 더해지니 구수함이 배가 된다. 뽀얀 국물이 입맛을 돋우며 잘 끓여진 국을 가족들을 생각하며 푼다. 한 그릇 두 그릇, 떠놓고 보니 그릇마다 밥알이 몇 개씩 보인다. 그 순간 먹음직스러워 보였던 것이 누군가가 먹다가 남긴 찌꺼기처럼 보였다. 가족들이 국을 보며 의아해하였지만, 쌀이 물에 딸려간 모양이라 했더니 안심하고 먹는다. 농부의 손길이 수십 번을 거쳐야 영그는 쌀알이지만 밥솥에 있을 때 대접을 받는다. 작은 쌀 한 톨도 있어야 할 자리가 있는데 사람은 오죽할까.

사람들이 많이 모이는 곳에는 늘 자리다툼이 생긴다. 서로가 최고의 자리에 앉겠다고 아우성이다. 어른들은 처신을 잘해야 대접을 받고 아랫사람들은 천지 분간을 잘해야 사랑을 받는다. 나잇값도 못 하고 대접만 받으려는 어른들이 판을 치고 젊음이 무기인 양 큰소리치는 사람들 세상이다. 상식이 깨어진 지 오래고 어떤 일에도 정답이 없다. 모두가 내 말이 법이고 남의 말 따위는 쓴소리다.

올해 여든여덟 되신 시어머니, 아들 하나에 딸 셋을 두었다. 아버님 돌아가신 시 14년, 혼자서 질 사시기에 다행이라 생각했는데 코로나19로 자식들도 자주 안 오고 소일거리 삼아 하는 노인 일자리도 쉬고 매일 따뜻한 점심을 챙겨주던 노인정도 문을 닫으니 외로우셨나 보다. 코로나가 잠시 주춤한 사이 찾아뵈러 갔더니 집을 팔아서 둘째 딸네로 가시겠단다. 옛날과 달리 요즘에는 아들이나 딸을 폭같이 생각하며 챙기시니 놀랄 일은 아니지만, 맏이이고 외아들인 남편의 처지를 생각해서 혼자 사시기 힘들어서 그러면 우리 집으로 오셔도 좋다고 했더니 사위랑 딸이 같이 살자고 졸라대니 그러고 싶다고 하신다. 사위 부모님도 계시는데 괜찮겠냐고 했더니 둘째 아들이니 신경 쓰지 말라고 했단다. 고지식하기론 둘째가라면 서러운 남편도 마음 편한 곳에 가서 사시라는 한마디로 대화를 끝냈다. 자식들이 많아도 서로 모시지 않겠다고 외면한다는데 자청해서 어머니를 모시겠다는 시누이 부부가 기특한 일인데도 왜 이렇게 마음이 편하지 않은지 모르겠다.

장손 며느리이자 외며느리인 내게 어머님은 해도 해도 끝없는 숙제 같았다. 셋이나 되는 시누이들로 인해서 내가 끼어들 자리는 없었고 늘 언저리에서 맴돌았던 긴 세월. 친정 부모님과 보낸 세월보다 더 많은 날을 함께했지만, 어머님과의 추억이 하나도 없다. 여름휴가를 함께 가시자 해도 매번 싫다 하시기에 언제부터인지 여행 따위의 말조차 안 하고 살았다. 아들 집에도 볼일이 있어야 오셨으니 무슨 정이 들었을까. 조상님들 제사를 물려주고도 몇 년 오시더니 그마저도 힘들어서 안 오신다. 혼자서 짝사랑하는 나와는 달리 무슨 일이든 시누이들과 먼저 의논하고 결정을 한 후에 우리에게 통보한다. 그럴 때마다 부모님 신경은 쓰지 말자 마음을 먹지만 남편을 생각하면 그럴 수도 없어 속앓이했다.

내색은 못 했지만, 어느새 뜨거운 감자가 되어버린 어머니. 남들에게는 인정도 많고 하염없이 베풀면서도 나와 딸들에게는 웃음조차 인색했던 어머니에게 왜 그러셨냐고 했더니 가족이라서 그랬단다. 내 상식으로는 이해되지 않는 말이지만 당신으로서는 당연한 것도 모르고 묻는 꼴이 되었으니 어쩌랴.

어른이 된다는 것은 경험이 많아서 지혜로워지고 인자해지는 것이다. 패기가 넘쳐 실수가 잦은 사람에게 혼을 내기보다 잘할 수 있도록 용기를 주고, 어른 앞에서 잘난 척 거들먹거려도 기를 죽이기보다 더 잘해서 훌륭한 사람이 되도록 이끌어주고, 무엇보다 모든 이들의 본보기가 되어 사랑하고 품어주고 희망을 주는 사람이 진정한 어른이다. 말만 앞세우는 사람은 자기 자식에게도 대접을 못 받는다. S 대학교 학생들에게 부모님이 몇 살까지 사는 것이 좋겠냐는 설문조사를 했더니 예순셋이라고 답을 했단다. 그 이유가 예순하나에 퇴직을 하고 2~3년만 살다가 죽어야 퇴직금이며 많은 돈이 자기들에게 고스란히 남는다는 이유란다. 누구를 탓할 수 있을까, 그렇게 대답한 아이들이 남이 아니고 내가 낳아 잘 키웠다고 자랑했던 우리들의 자식들인 것을.

요즘은 내가 최고인 세상이다. 정치인들도 상대방 이야기에 귀 기울이기보다 작은 약점이라도 잡고 늘어져야 자릿값을 하는 줄 안다. 큰 단체들도 패를 나누어 상대방 헐뜯기에 바쁘고 지난 일들까지 꺼내서 상대방 공격하며 자리싸움이 치열하다. 질리지도 않는지 날마다 물고 뜯는다. 허구한 날, 똑같은 사람이 마주 서서 서로의 얼굴에 침을 뱉고 있는 꼴을 아이들이 보고 배우고 있다는 것을 잊은 채 말이다.

사람도 내 자리에 있을 때 빛이 난다. 자기에게 맞는 옷을 입고 자기 자리에 당당하게 앉아서 제 목소리를 낼 때 남들도 귀 기울여 들어주고 공감도 한다. 나이 들수록 분수에 맞게 행동하고 잘 익은 벼처럼 겸손하여 남들이 우러러 더 좋은 자리 권하도록 살아야 한다. 어떤 곳도 주인이 없는 자리는 없다. 새 사람에게 내 자리를 흔쾌히 내어주는 멋있는 어른이 있는 곳은 행복이 넘친다. 어진 어른이라면 감투의 수고로움과 행동의 무게를 알기에 남들이 쉽게 말하는 높고 좋은 자리에 섣불리 앉으려고 하지 않는다. 스스로가 아무리 잘난 척하고 큰소리쳐도 인격은 감출 수가 없다. 자초해서 뭇국의 쌀알이 되는 사람이 있을까 싶지만 넘쳐나는 현실이다. 물이 자연스럽게 흘러야 썩지 않듯이 각자의 자리에서 제 몫을 다할 때 가정도 사회도 평화를 누릴 수 있다.

어머님의 마지막 선택이 뭇국의 쌀알이 되지 않기를 간절히 바랄 뿐이다.

회자정리(會者定離)

 만남은 이별을 동반하고 이별은 또 다른 만남을 기약하고 그래서 만남과 이별은 반대가 아니라 같은 말이다.
 그녀가 앞집 다가구 주택 1층으로 이사를 온 지 20년이 넘었다. 보기에는 멀쩡해도 스스로는 아무것도 못 하는 영감님과 직장에 다닌다는 아들, 열 평도 되지 않는 좁은 공간으로 세 식구가 들어왔다. 햇살 좋은 오후만 되면 그녀와 골목 안에 사는 어르신들이 우리 집 대문 앞에 앉아서 도란도란 정담을 나누었다. 가끔은 간식을 들고 나가서는 그들 곁에 앉아 이야기를 듣곤 했는데 어느 날부터 그녀는 동네 골목길을 누비며 돈 되는 것들을 줍기 시작했다. 뼈밖

에 없는 그녀가 옮긴 것이라고는 믿기 힘든 폐가전제품들과 빈 병 헌 옷 등을 집 앞에 모았다가 어느 정도 모이면 손수레에 싣고는 고물상에 내다 팔았다. 힘들지 않냐고 물었더니 이렇게라도 하니 아들에게 덜 미안하다고 했다. 하루에 두 부씩 보는 신문과 못 입게 된 옷을 모았다가 손수레에 실어주면 아이들 주라며 더 많은 것들을 갖고 오길래 괜찮다고 해도 딸 같고 손녀 같아서 주고 싶단다. 세월은 속절없이 흘러 그녀의 등은 새우가 되었고 눈도 귀도 제 기능을 못 하는 싱노인이 되있다. 툭하면 넘어져 부러지고 찢어져서 입 퇴원하기를 몇 번, 보살펴 줄 사람이 없는 그녀의 영감님은 몇 년 전에 결국 요양원으로 보내지고 그녀 또한 숨만 겨우 붙어 있었다.

 금방이라도 쓰러질 것 같던 그녀가 보이지 않는다. 어쩌다 며칠씩 못 볼 때도 있어서 무심했는데 저녁에도 방이 깜깜하다. 또 다쳐서 입원이라도 하셨나, 궁금도 하고 걱정이 되지만 누구에게 물어볼 때도 없다. 소중한 것을 잃어버린 듯 그녀의 집 앞을 서성이며 또 며칠이 지났다. 그녀의 집을 살피는 것이 일상이 된 지 한 달이 지났을까 오늘도 일어나자마자 그녀 집 창문을 보니 커튼이 반쯤 열려있다. 반가운 마음에 달려갔더니 대문은 굳게 닫혀있다.

몇 해 전, 집 앞에 있는 슈퍼 주인이 찬거리를 사러 들른 나에게 그녀가 얼음판 위에서 넘어졌는데 집주인이 문병을 갔는데 몰라보더라고, 아무래도 오래 못 사실 것 같다고 전했다. 가난해서 힘들고 무지해서 더 고통스럽게 살아온 그녀의 무표정한 얼굴이 밤새 아른거렸다. 내가 누군지 몰라봐도 한번은 보고 싶었다. 나만 보면 이것저것 챙겨주고 하찮은 일에도 칭찬을 아끼지 않아 든든했는데 마지막 인사라도 해야겠다 싶어 다음 날 병원으로 달려갔다. 조금 열려있는 문틈으로 그녀가 보였다. 누워있을 줄 알았는데 꼿꼿하니 앉아 있다. 조심스럽게 다가가 손을 잡으니 어떻게 알고 왔냐며 반색을 한다. 다행이다. 혼자서 움직일 수 있어서 다행이고 넘어지면서 뇌를 다쳤는데 많이 좋아졌다고 해서 참말로 다행이었다. 한동안 입원해 있던 그녀는 멀쩡해져서 집으로 돌아왔다.

지금도 그때처럼 그녀가 별 탈 없이 돌아오면 좋으련만 자꾸만 불길한 생각이 든다. 새벽같이 일어나 덜그럭대던 소리가 그녀와 함께 사라지니 무엇을 잃어버린 것 같이 허전하다. 동네복덕방이던 슈퍼도 주인이 바뀌어 궁금증을 해소할 곳이 없으니 더 답답하다. 매일 그녀의 집 창문만 바라보는데 어느 날 그녀 집 대문 앞에 고물들을 주워 나르던 커리어가 나와 있다. 반가운 마음에 대문을 열고는 그녀를 불렀더니 대답이 없다. 그날 이후 그녀의 집에서는 목숨처럼 아끼며 끌어안고 살았던 것들이 하나둘씩 버려지기 시작했다. 명절 때마다 명을 재촉하며 얻은 돈으로 피 같은 음식들 차려놓고 손주들 기다리던 교자상. 소꼬리, 갈비찜 하던 솥단지들, 고물상에서나 볼법한 텔레비전. 제대로 된 그릇 하나 없는 초라한 살림살이들이 매일 버려졌다. 어제는 골동품 같은 장롱이 대문 앞에 장승처럼 서 있었다.

이느 해 추석 연휴 미지막 날, 그녀가 우리 집 벨을 눌렀다. 얼른 내려갔더니 상부상조가 무슨 뜻이냐고 물었다. 그녀에게 생활비를 조금씩 주자는 큰아들 의견에 둘째 며느리가 요즘은 부모 자식 사이에도 상부상조하는 것이라 했다고. 차마 제대로 알려주진 못하고 며느리가 힘드나보다고 얼버무렸던 기억에 서러움이 몰려온다. 요양원에 계시는 영감님께 지하철 타고 가다가 버스로 갈아타고 내려서도 한참을 걷는 번거로움보다 영감님 드릴 베지밀 값이 너무 비싸다며 투덜대더니 그마저도 귀찮아지셨나. 기회 봐서 듬뿍 사 드려야지 생각은 하면서도 워낙 신세 지는 것을 싫어하는 성격이라 눈치만 보고 있었는데 아쉬움으로 남는다.

남들이 볼 땐 누구나 어느 순간 사라진다. 좋은 것 쟁여

놓고 호사를 누리며 살아도 떠날 때는 빈손이다. 주인 잃은 물건들은 아무리 좋은 것이라도 천덕꾸러기가 되고 삶의 애환이 덕지덕지 붙어 볼썽사납다. 남들이 버리는 것들로 입고 쓰고 살던 그녀가 가진 것이 없어서 서럽다는 말은 한 번도 한 적이 없다. 딸이 있어서 부럽고 열심히 사는 모습이 예쁘고 무엇보다 시부모님한테 잘하는 내 모습이 보기 좋다고 입버릇처럼 말했다. 그럴 때마다 나는 그녀에게 아들을 셋이나 두었으니 시부모님 사랑은 원 없이 받으셨겠다고 부러워하면 환하게 웃었다.

사람도 자연도 물건도 영원한 것은 없다지만 알면서도 내 것으로 만들기에 바빴고 부질없다고 생각하고 말은 하면서도 하나라도 더 가지려고 욕심을 부린 지난날들, '산다는 건 좋은 거지 수지맞는 장사잖소 알몸으로 태어나서 옷 한 벌을 건졌잖소' 오늘따라 유행가 가사가 가슴에 와닿는다.

회자정리라지만 늘 보던 사람을 이제 볼 수 없다는 것은 참으로 가혹하다.

감기 유감

 잘 자고 일어났는데 목이 따끔거렸다. 약 먹으면 괜찮아지겠지, 이틀을 꼼짝 않고 쉬었는데 기침이 더해졌다. 떨어지라는 감기 대신 입맛이 뚝 떨어져 물에서도 쓴맛이 났다. 마음은 금방이라도 나을 것 같은데 앉아있는 것도 힘들어 자꾸만 눕게 되고 생각의 폭도 좁아져서 매사가 무섭다. 이러다 큰 병 되는 것이 아닐까 걱정이 태산인데 딸아이가 감기약을 사다주며 많이 졸릴 것이라는 이야기를 했다. 혹시 못 깨어날까 먹지도 못하고 있으니 핑계 만들며 하지 못했던 일들이 아쉬움으로 다가오고, 천년만년 살 것처럼 큰소리친 것도 후회가 되었다. 조금만 너그러운 마음으로 살 것을 때늦은 반성도 했다.

며칠을 앓으니 이제는 손까지 떨린다. 병원에 가서 영양제라도 맞아볼까 하다가 찬바람 쐬면 심해질 것 같아 꽁꽁 싸매고 누웠다. 잘 먹어야 빨리 낫는다길래 억지로라도 열심히 먹었는데 나아지기는커녕 날이 갈수록 증세만 한 가지씩 늘었다. 편도의 부기가 심해졌는지 누우면 숨을 쉬기가 불편해졌다. 건강할 때는 저절로 되던 것이 안 되니 괜히 서럽다. 건강은 건강할 때 잘 지켜야 한다며 남들에게는 잘도 이야기해 놓고 정작 나는 방심하여 고생하는가 싶어 짜증까지 더해졌다. 어둠 속에 우두커니 앉아 자는 남편을 쳐다보고 있으니 괜히 서운한 마음이 들고, 코와 목이 제 기능을 못 하니 콧물에 눈물까지 소리 없이 흐른다. 한 손으로는 목을 감싸고 또 한 손으로는 축축해진 볼의 물기를 닦았다. 내가 무엇을 잘못했던가, 이제는 자책까지 한다.

아픈 것도 힘든데 잠까지 며칠을 못 잤더니 몽롱하다. 마냥 젊은 줄 알고 혹사한 몸이 단단히 삐친 모양이다. 반성하면서 몸을 달랬건만 일주일째쯤, 나쁜 바이러스가 나를 완전히 점령한 모양이다. 온몸이 안 아픈 곳이 없다. 이것이 생로병사(生老病死)의 이치인가 보다 생각하니 모든 것에 초연해진다. 피할 수 없는 일 담담하게 받아들이자 싶다가

이 고통에서 벗어나게만 해주면 착하게 살겠다며 온갖 신들을 찾는다. 건강할 때는 모든 것이 내 마음의 문제라 자만해 놓고.

췌장암으로 돌아가신 어머니, 당신 앞에서 우는 우리에게 너희들이 울면 내가 더 아프다더니 돌아가시기 며칠 전에는 먹고 죽게 제발 약 좀 달라고, 그렇게 모진 말씀을 마지막으로 남겼다. 얼마나 아팠으면 자식들의 눈물이 당신 몸 아픈 것보다 더 고통이라더니 그랬을까. 지금까지도 헤아리지 못한 어머니의 고동을 조금이나마 알 것 같아 정신이 번썩 든다. 몸이 아프니 온갖 것들이 서럽고 돌아가신 엄마가 보고 싶어 눈물이 난다. 울 일 찾던 아이처럼 한바탕 울고 나니 막혔던 코도 목도 조금은 시원해졌다. 호되게 앓고 난 후의 새벽이 되면서 어둠과 함께 아픔도 조금씩 사라졌다.

건강 타령하며 운동을 강조하는 나에게 운동 중에 최고가 숨쉬기 운동이라며 너스레를 떨던 친구가 생각난다.

감기에 걸리면 어느 정도 시간이 지나면 낫는다. 가벼운 증세로 시작해서 온몸의 기능을 하나씩 고장 내어 고통을 받게 하고는, 할 일 다 한 노동자의 대가처럼 주사에 약에 반성과 후회까지 받아내고서야 서서히 물러간다. 그래도 얼마나 다행인가, 참을 만큼 아프고 괜찮아진다는 희망이 있으니 말이다.

보이는 것에만 연연하며 살았던 나의 무지(無智)가 오늘따라 커 보인다. 감기를 병이라 하지는 않기에 대수롭지 않게 여겼던 어리석은 마음이 참으로 창피하다. 당해봐야 아는 못난 사람이 남인 줄 알았는데, 잘난 척하며 거드름을 피웠던 지난날들이 부끄럽다.

겨울이 가고 봄이 오면 꽃이 피어서 좋은 것보다 추위가 사라져서 좋았고, 더운 여름이 지나고 가을이 오면 단풍이 예뻐서보다 더위가 가시어 좋았는데 나의 감정과 상관없이 철 따라 제 할 일 잘하는 자연처럼 나도 나의 삶에 충실하며, 세상에 존재하는 어떤 것들에게도 늘 감사할 일이다.

내가 살아가는 이유와 나를 아는 사람들의 관심과 사랑, 가끔은 더 열심히 살아갈 수 있도록 주는 적당한 자극까지. 보이지 않는다고 늘 잊고 살았던 것들이 나를 더욱더 성숙하게 해주는 것들임을 이제야 깨닫는다.

감기 유감(有感)이다.

나만의 쉼표

 결혼과 함께 평생직장이 되어버린 집, 직장인들이 보면 세상 편한 사람 같아 보이지만 해도 해도 끝없는 집안일에 가끔은 숨이 막힌다. 잔소리하는 상사가 없어도 빨리 끝내야 하는 일은 없어도 늘 허둥대는 일상, 전자동 기계에 향 좋은 빈으로 커피를 내려 마시고 달콤한 음악을 듣고 좋아하는 책을 읽으며 여유를 부려도 하루에도 몇 번씩 일탈을 꿈꾸게 만드는 이유가 전업주부인 사람들에게 집은 휴식처가 아니라 일터라 그럴 것이다. 그나마 조금 한가한 오후 서너 시, 보온병과 이어폰을 챙겨 들고 나만의 쉼터로 출근을 한다.

억새들의 바스락대는 소리, 무심한 듯 흐르는 물소리, 간간이 들리는 새소리. 나도 그들처럼 나만의 소리가 나도록 팔을 흔들며 중랑천 변을 걷는다. 사람들과 친숙해진 비둘기들이 떼거리로 달려와서는 무엇이라도 줄까 봐 재롱을 떤다. 탁 트인 시야, 드넓은 하늘. 그 속엔 나의 행복했던 유년 시절이 있다. 부모님도 계시고 함께 놀던 소꿉친구가 있어 별천지인 세상. 즐겁고 신나는 일들로 하루하루가 바빴던 곳, 고무줄놀이 땅따먹기 공기놀이. 어두워져서 보이지도 않는 선을 밟지 않으려고 눈에 불을 켜고 오징어 게임을 했던 앞마당엔 닭들이 함께 놀았다. 흙을 파헤치다가 모이를 주는 사람이 나타나면 하나라도 더 많이 먹으려 비둘기처럼 꽁지를 흔들며 다투어 내달렸다.

지천으로 피어 한들거리는 냉이꽃, 허리를 굽혀 그들과 눈을 맞춘다. 가녀린 몸매를 하고도 돌 틈, 보도블록 사이, 심지어 집의 낮은 벽 틈을 뚫고 자리 잡아서도 꽃을 피우니 삶의 의욕만은 최고다. 너무 흔하여 이름조차 모르는 이들이 많지만 개의치 않고 제 몫을 다하는 생명에 또 찬사를 보낸다. 노란 작은 꽃 속엔 계모의 온갖 학대를 견디며 어른처럼 일하던 친구의 슬픈 눈동자가 들어있다. 바보 같다고 놀려도 반응이 없고, 무엇을 하든 동작이 느려 분위기를 깨는 친구가 얄미워 학교에 가다가 떠밀어서 물에 빠지게 해 놓고는 당연하다 생각했던 어린 시절. 새벽같이 일어나 자기보다 더 큰 항아리에 물을 가득 채워놓아야 학교에 오던 친구는 늘 지각을 했고 활짝 웃는 모습도, 그렇다고 화난 모습도 우리에게 보인 적이 없다. 키도 작고 줄기도 가늘어 여려 보이지만 웬만한 바람에는 눈도 깜짝 않고 한들거리는 냉이꽃을 보면 한결같은 표정을 하고 있던 그 친구를 보는 듯하다. 물에 빠져서 허우적대던 그녀의 손을 잡듯이 꽃잎을 매만지며 웃어 보이고는 발걸음을 옮긴다. 이제는 세 자녀의 엄마로 중년이 된 친구가 나를 따라 함께 걷는다.

한참을 걷다 보면 봄, 가을에 축제하는 넓은 공간이 나온다. 그

옆 배드민턴장에서 열심히 운동하는 사람들, 또 한쪽에서는 엉거주춤한 모습으로 롤러스케이트를 배우는 이들을 보니 소 먹이러 들판에 모여서 말타기를 하던 친구들의 모습이 떠오른다. 어려서 집안일을 특별히 도울 수 없던 우리는 점심을 먹고 무더위가 약간 주춤해지는 시간이 되면 소를 몰고 들판에 모였다. 소들이 풀을 뜯는 동안 말똥구리를 잡아서는 달리기를 시키고 개구리와 메뚜기를 잡아서 구워 먹고, 그것으로는 양이 안 차 참외와 수박, 오이에 토마토까지 먹을 수 있는 것은 죄다 서리해 먹었던 여름방학. 매미랑 나비, 잠자리 잡느라 들로 숲으로 힘든 줄 모르고 달리던 그 시절은 매일 떠올려도 새롭다. 지금은 각자의 일터에서 열심히 일하고 있을 소꿉친구들의 모습이 도로 위에 아지랑이처럼 피어오른다.

물소리 들리고 강바람이 솔솔 부는 시원한 곳에 자리를 잡고 앉아 보온병에 담아온 커피를 마신다. 향긋하고 따뜻함이 온몸을 나른하게 만든다. 어릴 적에 친구들과 함께 즐겨듣던 노래를 찾아 이어폰을 꽂는다.

진달래 먹고 물장구치고 다람쥐 쫓던 어린 시절에 눈사람처럼 커지고 싶던 그 마음 내 마음 아름답던 시절은 꽃잎처럼 흘어져 다시 올 수 없지만 잊을 수는 없어라.

  음악을 들으며 강물을 바라보고 있으니 팔뚝만 한 물고기들이 한가롭게 물살을 가른다. 한여름 밤 저녁이면 냇가에서 발가벗고는 온갖 무게를 잡으며 개헤엄을 치던 친구들과 창피한 줄도 모르고 신났던 어린 시절, 수영복은커녕 변변한 반바지도 없던 그땐 다들 그랬지 생각만 해도 웃음이 나온다.
  하늘 곳곳에 유유히 흐르는 구름이 밥 짓는 굴뚝에서 피어나는 연기 같다. 저녁 먹을 시간이 되어도 들어오지 않는 나를 부르는 엄마의 목소리가 들린다. 한참을 불러야 아쉬운 듯 내일을 기약하며 헤어졌던 친구들. 꿈에서도 하다 만 놀이를 하느라 온 방을 얼마나 휘젓고 다녔는지 아침마다 앉은뱅이책상 밑에서 일어나느라 머리를 부딪치곤 했다. 아침마다 알람처럼 단잠을 깨우던 엄마의 도마 소리는 또 얼마나 감미로운지, 세상에 부러울 것 없던 시간, 무엇으로도 표현하기 힘든 순간. 모든 것들을 잠시라도 더 누리려고 이불을 당겨 머리끝까지 덮고는 늑장을 부려보지만 부지런한 언니들의 성화에 일어나 밥상에 앉으면 고기로 착각하게 만드는 된장 덩어리에 같이 웃고, 밋밋한 가지나물도 꿀맛이었던 엄마표 밥상은 어떤 비싼 음식에 비할까.

　같은 장소지만 매일 다른 추억을 떠올리게 해주는 곳. 볼 수도 만질 수도 없지만 그립고 보고 싶은 사람들과 함께할 수 있고 그들과의 행복했던 순간들만 기억하며 잠시라도 일상을 잊게 되는 나만의 쉼터, 장미꽃 길 사이에 참새 세 마리가 짹짹대고 있다. 밥상 앞에서 아빠에게 재잘대는 딸들과 그들의 이야기를 경청하며 맞장구를 쳐주는 남편 같다. 세 부녀의 행복한 수다에 지지고 볶느라 힘들었던 일도, 윤기 나게 집 안 곳곳을 쓸고 닦을 힘을 재충전하며 하루를 위로받는 저녁 식사 시간, 내게 부족한 사랑과 칭찬으로 온 집 안을 채워주는 그들이 있어 나의 하루가 그래도 보람되게 마무리된다. 오늘 저녁은 어떤 반찬으로 한 상을 차려 그들의 맛있는 수다와 겸상하게 할까 직장으로 돌아오는 발걸음이 바쁘다.

골프

 많은 사람 중에 골프를 같이 치는, 그것도 매달 정해놓고 함께하는 사람은 특별한 인연이다.

 15년 전쯤, 남편의 권유로 골프를 시작했다. 친한 사람들과 정담을 나누며 하는 운동이라 좋았다. 무엇이든 배우는 것을 좋아했기에 연습도 열심히 하며 즐겼다. 누군가는 비싼 돈 주고 땡볕에서 무슨 짓이냐고도 하지만 직접 해보지 않고는 설명이 어려운 것이 내가 해본 운동 중에는 골프 같다. 혼자나 둘이서 하는 운동과는 다르게 같이 하는 사람들의 행동이나 말에도 영향을 받으니 어찌 보면 사서 고생하는 것일 수도 있지만 그만큼 매력도 크다. 해가 갈수록

필드에 자주 안 가게 되니 언제부터인지 운동을 한다기보다 중노동을 하는 것 같아 재미가 없어졌다. 그만두고 싶은 마음이 굴뚝 같지만, 가끔 있는 부부 동반 모임으로 안 할 수도 없어 고민하던 중에 남편 고등학교 동창 부인들과 한 달에 한, 두 번 같이 치자며 뜻을 모았다.

골프를 흔히 삶에 비유한다.

네 명이 한 팀이니 사계절이다. 기분에 따라 한 철이 길게도 짧게도 느껴지고, 서로의 장단점을 잘 보완해주어야 풍요로운 한 해가 되는 것처럼 만물이 소생하는 봄도, 천둥 번개 동반한 소나기의 계절 여름도, 찬바람에 떨어진 낙엽이 거리를 뒹구는 가을도, 강추위와 폭설의 겨울도 서로가 양보하고 배려하며 모가 난 부분을 둥글게 만들어야 한다, 제철에는 제일인 줄 알지만 때가 되면 순순히 자기 자리를 흔쾌히 내어주는 계절처럼.

이제는 꽃처럼 모두를 잘 아울러 첫눈에 호감이 가는 사람으로, 싱그러운 푸른 나무처럼 보기만 해도 힘이 나는 사람으로, 여러 색깔의 단풍처럼 만사에 여유가 있어 사랑스러운 사람으로, 자체만으로도 포근함을 느끼게 해주는 난로 같은 사람이 되었다. 어쩌다 뜨거울 때면 한줄기 소나기가 식혀주고, 한기를 느끼면 봄꽃 같은 미소가 추위를 가시게 한다. 사춘기 소녀처럼 뒹구는 낙엽 보고도 웃고 갑자기 내린 눈에 공이 눈덩이처럼 커지는 모습을 보며 박장대소를 하고 자연 속에서 즐기니 마음은 늘 초록이고 기온도 적당하다.

    골프채도 드라이버, 우드, 아연, 퍼터 네 종류다. 희로애락이다. 드라이버나 우드를 잘 쳤다고 좋아했다가는 아연이나 퍼터에서 실망하게 된다. 마음과는 다르게 하나가 늘 속을 썩인다. 잘 치겠다고 힘을 잔뜩 주고 치면 공이 산으로 가버린다. 그렇다고 채를 대충 잡고 치면 뒤땅을 쳐서 거리도 안 나고 또 엉뚱한 곳으로 간다. 힘 빼는 법만 터득하면 골프를 다 배운 것이라 말하지만 해가 갈수록 구력에 반비례하는 것이 실력 같다. 나이와 함께 비거리가 줄어드니 채만 잡으면 온몸에 힘이 들어간다. 힘만으로 쳐서는 낭패 보기 쉬운 골프처럼 우리네 삶도 매사에 여유를 가지는 것이 중요하다. 드라이버를 잘 못 치고는 아쉬워하면 퍼터가 잘되어 위로되고, 벙커에 빠져서 기가 죽어 있다가 한 번 만에 잘 빠져나오면 괜히 으쓱해진다. 골프가 남은 거리에 따라 채를 신중하게 잘 골라야 타수를 줄이듯이 하루에도 수많은 일들의 결정에 따라 기쁨도 슬픔도 더 누리고 덜 겪는 우리네 일상이다.

18홀을 쉬지 않고 치면 네 시간 정도 걸린다. 백세시대에 초년, 중년, 장년, 말년이다. 평생을 별 탈 없이 잘사는 사람도 있지만 그래도 살다 보면 더 좋을 때가 있고 누구나 굴곡 또한 있기 마련이다. 부모 잘 만나 초년을 편하게 보냈다고 평생 행복하게 사는 것도 아니고, 가진 것이 없어 평생 궁상떨며 살 것 같던 사람도 열심히 노력하여 중년부터 남부럽지 않게 살기도 하고, 고생만 하다가 배우자를 잘 만나 살 만한가 싶더니 자식 뒷바라지에 전 재산을 탕진하고 늘그막에 고생문이 열리기도 하고, 알뜰히 모은 재산과 잘 자란 자식 덕분에 말년 걱정이 없는 사람도 있다.

골프 역시 18홀을 다 잘 치기란 쉽지 않다. 변수 없이 잘 쳐질 때도 간혹 있지만, 초반에 잘 치다가 갈수록 힘이 빠져 허우적댈 때도 있고, 시작부터 힘이 들어가서 오비를 내기도 하고 뒤땅도 치고, 해저드에 벙커에 안 좋은 것들을 그냥 지나치는 법이 없는 날도 있다. 마지막 몇 홀을 남겨 놓고 잘되니 이제야 몸이 풀렸다며 여유를 부릴 때도 있다. 한 홀씩 칠 때마다 네 명의 희비가 엇갈리니 이 또한 우리네 삶과 같다.

그들과 함께 한 지 3년째, 더불어 지혜롭게 사는 법도 배운다. 나와 맞지 않는다고 불만을 품기보다 다름을 인정하고, 서운한 일이 있어도 그럴만한 이유가 있으려니 생각하니 만사형통이다. 요즘은 만날 때마다 지금처럼 건강하게 평생 함께하자며 서로를 챙기고, 일상도 골프도 칭찬과 격려를 규칙 삼아 함께 하니 구력처럼 정도 쌓여간다. 돌이켜 보면 평생에 제대로 된 벗 한 명도 어렵다는데 세 명의 벗을 한꺼번에 얻을 기회가 될 골프를 시작한 것이 내 삶의 전환점이었다. 작은 공 하나도 내 마음대로 못 하면서 욕심은 언감생심, 즐기는 자만이 만족과 행복도 누릴 수 있는 세상 이치를 골프를 통해 또 배운다.

봄날은 간다

연분홍 치마가 봄바람에 휘날리더라
오늘도 옷고름 씹어가며 산제비 넘나드는
성황당길에
꽃이 피면 같이 웃고 꽃이 지면 같이 울던
알뜰한 그 맹세에 봄날은 간다.

내가 제일 좋아하는 노래다.

언제부터인지도 모르고 좋아하게 된 이유도 없지만 태어날 때부터 알고 있었던 것처럼 익숙해서 일상에서 늘 함께했다. 애써 배우려고 한 적이 없어 제대로 부르지는 못하지

만 틈만 나면 흥얼대다 보니 애창곡이 되었다.

 송년회가 대세였던 어느 연말에 남편이 다니던 회사에서도 송년회를 한다고 했다. 기혼자는 배우자를, 미혼인 자는 어머니와 함께 하는 모임이라 참석해보니 부서별로 자리가 배정되어있었다. 분위기는 무르익어 가는데 말 없고 재미없는 팀장인 남편의 눈치를 보느라 다른 직원들은 마음 편히 즐기지를 못했다. 너스레를 좀 떨라며 남편의 옆구리를 찔러보지만, 소용이 없다. 푸짐했던 상품들이 동이 날 무렵, 막판 뒤집기 장기사랑을 한다는 사회사의 말에 손을 번쩍 들었다. 갑작스러운 나의 행동에 사색이 된 남편을 뒤로하고 무대에 올랐다. 사회자가 무엇을 할 것이냐고 물었고 일초의 망설임도 없이 「봄날은 간다」 노래를 하겠다고 했다. 의미심장한 미소를 지으며 마이크를 건네주는데 전주는 이미 흐르고 있다. 정신을 차리고 앞을 보니 모두가 나를 뚫어지게 바라보고 있다. 마이크를 잡은 손이 떨렸지만, 눈을 꼭 감고 불렀다. 1절이 끝나고 간주 중에 남편을 무대에 데리고 나와서 같이 떨게 했다. 노래가 끝나자 환호성과 함께 박수가 연회장에 울려 퍼졌다. 잘해서가 아닌 격려의 박수다.

 행사가 끝나고 사회를 본 유명 개그맨도 나의 용기가

가상하다며 종합 3위라 발표했다. 팀원들에게 조그만 상품이라도 안겨주고 사장님께도 기특하다며 칭찬을 받았다. 일년 후 송년회에 참석하기 위해 나를 데리러 온 남편에게, 올해는 조용히 있다가 오자는 지청구는 들었지만 말이다.

　나이가 들수록 송년회에서 제대로 불러보지 못한 노래에 대한 미련이 남았다. 더 늙기 전에 제대로 배워서 멋지게 불러보고 싶었다. 기회가 닿아 기타를 배우기로 했다. 기초 이론을 간단히 배우고 반주법을 배웠다. 목표가 있으니 재미도 있고 진도도 기대 이상이었다. 몇 달이 지나서 선생님에게 「봄날은 간다」 악보를 부탁했다. 젊은 시절 밤무대를 누볐다던 선생님은 멋지게 기타를 치며 노래를 불러 주었다. 트로트 연주법이 쉬워 보여도 어렵다며 기타 반주법 중 기초인 느린 고고로 연습을 하라며 악보를 주었다. 노래든 기타든 잘하려면 많이 듣고 해보아야 한다. 원곡자의 노래도 듣고 재구성한 노래들도 찾아서 들으며 흉내를 냈다. 시간만 나면 기타를 치며 노래를 불렀다. 아르페지오, 느린 고고, 트로트 등, 기분에 따라 내키는 반주법으로 열심히 연습했다. 보는 이가 없으니 틀려도 창피할 일도 없고 내 마음대로 쳐도 뭐라 할 사람도 없으니 신이 났다. 우울할 때는 천천히 부르고 신이 날 때는 댄스곡처럼 불렀다.

무엇이든 잘하기 위해서는 본질을 알아야 한다. 사람마다 목소리가 다르니 같은 노래라도 달리 들린다. 얼굴이 다르듯 일상도 다르고 목소리도 다르고 감정도 다르고, 어느 순간에 나답게 부르는 것이 가장 잘하는 방법인 것을 알았다.

노래에 푹 빠져있을 무렵 '봄날은 간다' 악극을 한다고 선전을 했다. 내용은 뒷전이고 제목이 좋아 보러 간 날, 악극이 시작된다는 안내방송이 끝나고 조명이 꺼지더니 웅장한 음악과 함께 무대 한 면이 꽃잎으로 가득 찼다. 흩날리는 꽃잎 위로 봄. 날. 은. 간. 다 글자가 한자씩 세겨지는데 가슴이 뭉클했다. 이렇게 황홀한 선율이라서 내가 좋아했구나, 가사도 구구절절 심금을 울렸다.

결혼식을 치르고 첫날밤을 보낸 주인공 남자는 성공해서 오겠다는 메모를 남기고 홀연히 떠난다. 홀로 남은 여자는 시어머니와 아들을 데리고 힘들게 살아가는데, 고향을 떠난 남자는 유랑극단에 들어가 고생 끝에 꿈을 이룬다. 금의환향에 한껏 들떠 있는데 전쟁이 터지고 설상가상으로 다리를 다친다. 망가진 몸으로 돌아갈 수가 없어 절망하는 남자에게 함께 일하던 여자가 손을 내밀고 어쩔 수 없이 부부의 연을 맺게 된다. 둘이서 이곳저곳 떠돌다가 전쟁통에 아들마저 잃고 근근이 살아가고 있는 여자가 운영하는 식당에 오게 된다. 몇 마디의 이야기를 주고받던 중 여자는 그 남자가 남편임을 알게 되지만, 내색은 못 한다. 밤이 늦었으니 하루 묵어가라며 선의를 베풀고 다음 날 아침 노자까지 챙겨주며 떠나보낸다. 멀어져가는 남편을 한 번이라도 더 보기 위해 뛰어 올라갔던 언덕을 뒤돌아 내려오면서 툭 던지듯 내뱉던 노랫말이, 그녀의 표정이 너무나 슬퍼 보였다. 기구한 그녀의 일생에 나도 모르게 눈물이 흘렀다. 웅장한 전주에 가려서 몰랐던 아름답고 슬픈 가사가 나의 가슴에 새겨졌다. 그녀의 몇 발자국 뒤에서 따라오듯이 잔잔하게 흘러나오는 음악에 맞추어 인생을 달관한 표정으로 담담하게 부르던 노래의 마지막 가사가 '실없는 그 기약에 봄날은 간다'였다.

  월요일마다 아홉 시 뉴스가 끝나고 방송하는 '가요무대'를 보시던 아버지 옆에서 함께 노래했던 아가씨가 예순이 되었다. 이제야 노래 한 곡을 제대로 부를 수 있게 되었는데, 돌아보니 어느새 나의 봄날도 저만치 가고 있다.

어머니

남편이 출근하기 바쁘게 입원해 있는 엄마에게 전화를 한다. 오늘이 팔 일째다. 핸드폰 벨 소리에 익숙하지 않은 엄마는 신호음이 한참 울린 후 힘없는 목소리로 전화를 받는다
"엄마~"
"와~?"
평소보다 서너 옥타브 높여 부르면 엄마도 덩달아 목소리를 높여 화답을 한다.
"뭐하고 계시나, 우리 엄마?"
"밥 묵고, 약도 묵고 그냥 눕었다, 니는 밥 묵었나?"

통화할 때마다 한 자도 틀리지 않고 주고받는 첫인사다.

평생을 밥맛 없다는 말씀을 하신 적이 없던 엄마가 추석이 지나고 찾아뵈었을 때 입이 소태같다 했다. 아버지 병수발도 힘든데, 밭에 심어놓은 갖가지 곡식을 수확하느라 몸살인가 했다. 입맛이 없어 밥 먹기가 싫다는 말씀에 단단히 몸살이 났다고 돌팔이 의사처럼 진단을 내리고는 내일 보건소에 가서 영양제 맞으시라며 약값만 챙겨드리고 왔었다. 다음 날 영양제는 맞으셨냐고 전화를 했더니 '며칠 전에 맞았는데'라며 말끝을 흐리고는 이제 밥은 조금씩 먹는다 했다. 몸살이었다고 혼자 결론을 짓고는 일상을 핑계로 엄마의 아픔을 까마득히 잊었었다. 한 달이 지나 집안 잔치에 갔다가 다시 찾아뵈었을 때 얼굴에 살이 빠져 있었고 여전히 입맛이 없어 식사를 못 하신다 했다. 평생을 감기도 심하게 앓는 법이 없었는데, 이제 세월 탓을 했다.

팔 일 전, 두어 달을 제대로 못 먹었더니 기운이 없어 금방이라도 쓰러질 것 같아 올케를 불러 병원에 가셨다 했다. 그렇게 되도록 참았냐고 되레 화를 내며 죄송함을 표현하니 내일은 좋아지겠지 했는데 며칠 전부터는 물도 안 넘어 가더라 했다.

팔십 평생 맘 편히 쉬어본 적도 없고, 엄한 큰동서 성화

에 별난 아래 동서 눈치에 기 한번 제대로 못 펴고 살았는데, 줄줄이 낳은 딸들로 인해 할머니 시집살이는 또 얼마나 매웠던가. 그런 악조건에서도 눈 깜짝 않던 어머니가 췌장에 생긴 악성 혹이 육 센티나 되고 옆에 있는 간에까지 전이시켰다고 했다. 인명은 재천이지만 길어야 두세 달 살겠다는 진단을 받은 엄마가 아침마다 전화하는 막내딸의 끼니 걱정을 한다.

"엄마~"

"와~"

"우리 엄마 많이 아파서 우짜노, 내일 엄마 보러 갈까?"

"왔다 간 지 얼마 됐다고, 서울서 대구까지 새길 내겠다. 난 개안타. 너거 걱정 안 하게 밥 마이 묵고 힘내께 걱정 마라. 나보다 너거 아부지가 걱정이다."

이제는 혼자서는 아무것도 못 하는 아버지 걱정이다. 올봄에 기력이 다해 쓰러져서는 입원하고 퇴원하기를 몇 번, 이제는 새로운 삶의 방법에 적응해 서로를 다독이며 잘 살고 계셨는데 엄마의 입원으로 아버지를 요양원에 모셨으니 걱정이 될 만도 하다.

어릴 적 새벽이면 두 분이 주고받는 정담에 깨었던 적이 많다. 한참을 두런대는 소리에 깨었다가 또 그 소리를 자장가 삼아 잠들었던 소싯적. 무슨 이야기를 주고 받았는지 기억이 없지만 한참을 주거니 받거니 하시다가 아버지는 쇠죽을 쑤러 어머니는 부엌으로 아침밥을 지으러 나가셨다. 얼른 쇠죽 쑤어놓고 부엌으로 와서는 무쇠솥에 장작을 지펴주시며 간간이 또 대화를 하시던 모습이 나의 뇌리에 흑백사진처럼 새겨져 있다. 아버지가 너무 엄해서 싫다가도 추석 때마다 어린 우리들을 대신해서 큰 손으로 송편을 빚거나, 한겨울 호박범벅을 쑤거나, 메주콩을 삶을 때도 어머니를 도와주는 다정한 모습을 떠올리면 위로가 되었다. 줄줄이 낳은 딸들로 인해 할머니가 어머니를 구박하는 강도가 나날이 세져 갔어도 아버지의 이런 모습에서 어머니는 힘을 얻는 듯했다. 무뚝뚝하다는 경상도 남자답지 않게 아버지는 어머니에게는 참 다정하고 자상한 남편이었다.

아버지가 입, 퇴원을 수시로 하던 어느 날, 자식들이 다 모인 자리에서 엄마가 아니었으면 난 이미 죽은 목숨이라며 처음으로 아버지가 엄마에게 고마움을 표현했을 때 엄마의 눈에 눈물이 고였다. 할머니와 큰엄마의 시집살이가 당연한 듯 엄마 편 한번 속 시원히 들어주지 않던 아버지가 많이 원망스러웠을 텐데 미안하다, 고맙다도 아닌 그 말씀에 엄마가 얼마나 환하게 웃으시던지….

"엄마~"

"와~"

"얼른 나아서 집에 가야지?"

"안 그래도 너거 아부지가 우짠 일로 내 목소리 듣고 싶다고 전화를 다 했더라."

"아부지가? 영감님이 마나님 생각이 많이 나 보네, 그러니까 옆에 있을 때 잘해야지 그치, 엄마?"

"그러게 말이다, 하하하."

아버지 이야기에 오랜만에 엄마가 소리 내어 웃는다.

"울 엄마 웃는 거 보니까 금방 다 낫겠다."

"그래 걱정 마라, 빨리 나아서 너거 아부지 모시고 집에 가야지. 이제 입은 안 쓰니까 많이 묵어야지. 너도 밥 꼭 챙겨 묵고 아프지 마레이."

칠 남매 키우고, 늘그막까지 병든 남편 수발드느라 상처 나고 아물었던 속이 곪아서 터지고 또 터져 썩어 문드러진 당신 몸 사정도 모르고 끝까지 자식과 남편 걱정을 하는 우리 엄마, 속절없이 눈물이 볼을 타고 흘러내린다.

이별 준비

  온몸에 뼈만 남아 건드리기만 해도 부서질 것 같은 아버지가 쓰러져서 입원한 지 20일째, 갑자기 상태가 나빠져서 대학병원으로 가는 중이라며 남동생이 전화했다.

  며칠 전에 갔을 때만 해도 조금씩 나아지고 있다길래 좋아했었다. 휴일의 고속도로 핑계 대며 손도 제대로 못 잡아 드리고 참새처럼 수다는커녕 큰 차도가 없어 한숨짓는 아버지를 못 본 척하고 왔는데 이렇게 일찍 긴 이별을 해야 할 줄 알았다면 며칠 후면 다 나아서 집에 갈 수 있다고 큰소리라도 쳐 드릴걸. 빈말 못 하는 성격을 탓하며 바라본 창밖에는 장맛비가 나의 마음을 대신하고 있다. 답답한 마음에 가슴이 새카맣게 타는데 급할 것 없는 버스는 빗길이라 거북이걸음이다.

한걸음에 달려온 막내딸의 손을 잡아주며 환하게 웃는 아버지의 모습을 제발 다시 볼 수 있기를 빌고 또 빌며 도착한 대학병원 응급실, 숱한 사람들 틈에서 산소 보조기를 하고 누워계시는 아버지를 찾았다. 단숨에 달려가 손을 잡으니 서울에서 대구까지 가는 내내 꽉 막혔던 가슴에 산소가 공급되는 듯했다.

"아부지~."

대답 대신 손을 꼭 잡는다.

"아부지, 아부지~."

고개를 돌려 나를 빤히 쳐다본다.

"아부지는 막내딸이 부르는데 대답도 안 하시나?"

눈을 깜빡이더니 잡은 손을 파르르 떤다.

"아부지가 그렇게 보고 싶어 하던 큰아부지가 부르시더나?"

"........."

"아니면 작은아부지가 오라 하시더나?"

"........."

"그것도 아니면 얼마 전에 돌아가신 큰고모가 손 내밀더

나?"

"… 아이다, 다들 꿈에도 안 빈다."

"혹시 그들이 아부지 보고 오라 해도 절대 가면 안 돼요, 아셨지요?"

대답 없는 아버지 대신 옆 침대에 누워있던 젊은 남자가 나와 아버지를 번갈아 보며 소리 내어 웃는다.

"제가 사다 드린 홍삼도 아직 많이 남았고, 다가오는 아부지 생신날 칠 남매 다 모아 놓고 우애 있게 살아라, 서로가 쪼금씩 손해 보고 살아라, 귀에 못이 박이도록 듣고도 행하지 못하는 우리 혼도 좀 내고, 평생을 아부지의 그림자로 살아오신 엄마 곁에 좀 더 계셔줘야지. 그러니까 정신 바짝 차리고 누가 불러도 절대 대답도 하지 말고 모른 척해야 해요, 아셨지요?.

"내 다른 건 몰라도 영욱이랑 정훈이 대학 가는 거 보고 죽을끼다."

"우리 아부지 이제 정신이 드나 보네 손자들 생각하는 거 보니."

초췌해진 얼굴에 반짝이는 눈, 삶에 대한 애착이다. 무엇이 보이는지 허공에다 대고 알아듣지도 못할 말을 계속한다. 행여 놓칠세라 불안한 기색을 보이며 나의 손을 다시 꽉 잡는다. 두 손으로 아버지의 손을 감싸 쥐며 무슨 일이 있어도 놓지 않겠다며 안심을 시켰다. 기력을 다해 기침하고 가래를 뱉으며 한을 뿜는다. '이놈만 아니면 살 것 같은데…' 당신을 따라다니며 평생을 힘들게 했던 것들에 대한 원망도 쏟아냈다. 먼동이 트고 해가 창문에 걸릴 때까지 아버지는 눈도 붙이지 않고 똑같은 행동을 반복했다.

아침이 되니 응급실이 소란스러워졌다. 밤새 간호한 사람들이 교대하느라 북적이고 담당 의사들이 왕진 오기 전에 환자들을 점검하느라 직원들도 정신이 없다. 아버지에게도 간호사가 와서 피를 뽑느라 한차례 부산을 떨고 나니 멀리서 온 딸이 피곤하겠다며 걱정을 했다. 해가 중천에 떠서야 당신은 괜찮으니 밥 먹고 오라며 나의 등을 떠밀었다. 이제야 우리 아버지 같다며 웃으니 당신도 희미하게 미소를 짓는 것으로 의식을 서서히 회복했다.

병실이 나는 대로 일반병실로 옮겨주겠다는 담당 의사의 말을 듣고 집으로 오는 마지막 기차에 올랐다. 어둠이 나를 더 가라앉게 만든다. 손가락도 까딱할 힘이 없다. 아무렇게나 앉아 눈을 감았다. 3년 전에 돌아가신 아버님이 나를 보고 웃고 계신다. 한여름이면 며칠씩 꼼짝도 못 하고 누워 계시길 세 번, 다음 해 초봄 곡기를 끊으시더니 일주일 만

에 돌아가셨다. 하나밖에 없는 아들 며느리 힘들까 봐 내색도 하지 않고 의사 불러 놓아주려던 영양제도 필사적으로 밀어내고는 끝까지 의연했던 아버님, 싫고 무서운 모습 보이지 않으려고 돌아가실 때도 온화한 표정으로 고개만 떨구었다.

아버님이 몇 년을 두고 우리 곁을 떠날 준비를 하고 있었는데도 그땐 정말 몰랐었다. 늙으면 다 그러려니 대수롭지 않게 생각했었다. 어떻게 해 드릴까 고민을 해 본 적도 없고, 만나면 손이나 잡아드리며 환하게 웃어주는 것으로 도리를 다했다고 믿었다. 아버님을 보내고 한동안은 세상에서 유일한 내 편이 없어졌다는 생각으로 힘들었다. 아직도 가끔은 내 생각만 하는 어리석은 행동으로 아버님의 조건 없는 사랑을 그리워하며 운다. 그래도 오늘 아버님의 웃는 모습에 기운이 난다. 아버님을 통해 아버지가 이제는 우리 곁을 떠날 준비를 한다는 것을 알았고, 조금 더 편안하게 보내드릴 수 있을 것 같아 마음이 놓인다.

새벽부터 서럽게 울며 응급실을 긴장하게 했던 한 여자는 이른 아침에 결국은 어머니를 잃었다. 생과 사의 갈림길은 너무나도 가깝고 순간이었다.

아버님의 주검 앞에서 손도 많이 잡아드리지 못했다며

후회하던 시누이도 어머니를 보내며 통곡하던 그녀도 누구나 겪는 이별 앞에서 좀 더 잘해드리지 못한 회한의 눈물을 흘렸다.

아버지도 아버님처럼 언제인가는 우리 곁을 떠날 것이다. 원치는 않지만 어쩔 수 없는 이별을 위해 조금이라도 덜 슬플 방법을 생각해야겠다. 오늘따라 부모님 살아계실 때 섬기길 다하라는 말이 가슴을 파고든다.

밥심

밥이 보약이라는 말이 실감 나는 나날이다.

끼니때마다 무엇을 할까 고민만 할 줄 알았지 사랑과 정성이 담긴 밥상에 대해서는 생각을 해본 적이 없다. 어려서는 엄마가 차려준 밥상을 받으며 반찬 투정이나 부릴 줄 알았지 차리는 수고로움은 헤아릴 줄도 몰랐다.

강진에서 일주일 살기를 신청하여 묵게 된 푸소[2]의 농박에서 푸근한 인상의 사모님이 차려주는 밥상을 보니 엄마 생각이 났다. 갈치 조림, 홍어 삼합, 전복 불고기, 생선구이.

---

[2] 푸소(FUSO): Feeling Up Stress-Off의 줄임말로 농촌민박+체험을 하며 강진의 정과 감성을 경험하는 강진군만의 대표 프로그램.

토란대, 고사리, 죽순 등 담박하게 볶고 무쳐 특유의 맛을 제대로 살린 나물들과 요리로 끼니때마다 식탁을 가득 채운 음식을 먹고 나면 웃음이 저절로 나왔다.

 식탁에 마주 앉아 먹기 좋게 살뜰히 챙기며 강진의 자랑과 볼거리 먹을거리를 맛깔나게 이야기를 하시다가 식사가 끝날 때쯤이면 따뜻한 차를 끓여서는 과일과 함께 내놓는다. 배부르게 먹고 일어서면 잘 먹으니 너무 좋다며 구경하다가 출출할 때 먹으라며 간식까지 잊지 않는다.

 일상에 지쳐 힘이 들 때 하던 일 제쳐두고 친정에 가면, 엄마는 된장찌개 보글보글 끓이고 아삭하게 볶은 콩나물과 텃밭에서 뜯은 나물들로 밥상을 차려주셨다. 된장에 비벼 쌈 채소에 싸서는 밥 한 그릇 뚝딱 먹고 나면 빈 밥그릇에 김이 모락모락 나는 하얀 밥으로 다시 채워주셨다. 설거지는 할 생각도 않고 부른 배 안고 거실에 누워있으면 후식으로 타주던 달달한 믹스커피. 커피를 홀짝이고 있으면 엄마는 동네의 크고 작은 일들과 친구들의 소식을 재미있게 이야기해주며 또 꿀참외를 깎아 놓는다. 든든하게 먹고 오면 한동안은 힘든 줄을 모르고 살았다. 엄마가 차려주는 한 끼가 일상에서는 활력이 되고 지친 마음을 다독이며 삶의 버팀목이 된다는 것을 깨닫는데 강산이 변했다. 요즘 부쩍

지치고 힘든 일상이 나이 탓인가 했더니 사랑의 허기였나 보다.

 강진에서의 마지막 날에는 하나라도 더 먹이고 싶은 엄마의 마음을 식탁에 고스란히 담아 내놓고도 모자라 빈손으로 보내기가 서운하다며 늙은 호박 몇 덩이를 트렁크에 실어주신다. 차가 멀어질 때까지 쳐다보고 계시는 사모님 뒤로 엄마의 환한 얼굴이 보인다.

 한동안은 행복해서 웃는 나날이 될 것 같다.

유구무언

 이혼을 신청한 칠십 대 할머니, 영감님이 닭고기를 먹을 때도 내가 싫어하는 날개만 주며 평생을 무시해서 더는 같이 살 수가 없다고 말했고, 할아버지는 본인이 제일 좋아하는 것을 생각해서 준 것이라며 억울하나 했시만, 이혼은 성사되었다. 노부부의 이혼이 한 편의 블랙코미디를 본 듯 여운이 길었다.

 나보다 한 살 많은 그녀가 친구 하자며 손을 내밀었다. 마다할 이유가 없어 친구가 되었다. 한 달에 한두 번 만나 하고 싶은 것들을 하며 즐겁게 지냈다. 만나는 날짜나 장소 먹거리는 대부분 그녀가 정했고, 가끔은 내키지 않는 일이

나 음식도 친구 덕분에 경험해볼 좋은 기회라 생각하니 참을 만했다. 외국 여행도 함께 갈 만큼 허물이 없어졌지만, 그녀의 독단적인 행동은 일상이 되었다. 세월이 갈수록 그녀는 더 과감해졌고 나의 말은 늘 무시당했다. 참다가 지친 내가 속마음을 내보이며 화를 내니 나 같은 사람 없다며 고맙다고 말을 해 놓고는 행동은 그대로다. 처음으로 내가 좋아하는 음식을 먹자며 약속한 내 생일날, 그녀는 언제나처럼 약속 시각 30분 늦게 와서 음식을 내 앞으로 밀어주며 깨작대다가 휴식 시간에 쫓겨 식당을 나왔다. 이후로 그녀와 함께 하는 시간이 즐겁지 않았고 그녀가 원하는 것에 무조건 다 응하지 않으니, 나름대로는 나를 배려해서 한 일들인데 몰라준다며 서운하다고 했다. 그날을 계기로 십여 년의 인연에 종지부를 찍었다.

낯가림이 심하여 사람을 잘 사귀지 못하고 한번 맺은 인연에는 무조건적이다. 속으로는 곪아도 괜찮은 척하고 누군가 해야 할 일은 내가 먼저 하고, 좋은 것은 늘 양보하고 조금 서운해도 멋진 척 넘어가 주며, 상대도 나처럼 해주기를 바라며 미련을 떠는 성격이다. 그러다 보니 상처를 많이 받게 되어 누구에게나 쉽게 정을 안 주는 깐깐한 사람이 되었다.

나랑 왜 친구가 되고 싶냐고 그녀에게 물었을 때, 몇 가지 조건을 말하며 배시시 웃던 그녀의 속마음을 진즉 알았더라면 나도 딱 그만큼만 그녀에게 마음을 줄 것을, 뒤늦게 후회를 해보지만 이미 그릇은 깨졌다.

부부나 친구나 남들이 보면 우스워 보이는 사소한 일들이 쌓여 엄청난 결과를 가져온다. 대화의 부족으로 추억조차 상처가 되고 보니 황혼에 이혼한 노부부의 사연이 자꾸만 떠오른다.

감정의 골은 말을 하지 않을수록 더 깊어질 뿐이다.

내 고향은 충청도예유

1.

남편의 고향은 충북 보은이다. 행정상으로는 충청북도에 속하지만, 위치상으로는 경상북도 상주와 붙어 있으니 경상도라 해도 손색이 없다.

남편의 중학교 동창, 부부동반 모임을 하는 날이다. 일 년에 몇 번씩, 강산이 두 번 변하도록 만났으니 이제는 내 고향 친구처럼 편한 사람들이다. 그래서인지 그들과 만남은 늘 즐겁다. 한 테이블에 여덟 명씩 마주 앉아 술잔을 주고받으며 담소를 나눈다. 언제나처럼 음식의 가짓수와 술이 줄어들수록 분위기는 고조된다. 한두 잔 술에 기분이 좋아지면 남자들은 테이블을 옮겨 다니며 술과 우정을 나눈다. 어느 사이 이름 대신 별명을 불렀던 개구쟁이 중학생이 되어 삼 년 내내 짝사랑만 하던 친구를 놀려대기도 하고 서로가 공부를 제일 잘했다며 너스레를 떨기도 한다. 사장님도 선생님도 아닌 소꿉친구로 돌아간 남편들은 추억을 이야기하느라 밤은 깊어만 간다.

친구들과 만남에 기분이 좋아진 남편을 바라보며 한 친구 부인이 말했다.

"우리 남편은요, 궁금한 것이 있어서 오늘 물어보면 내일 대답한다니까요."

"하루 정도는 애교지요, 우리집 양반은 한 달을 채우고서야 대답하는걸요."

"에구 그 정도는 약과지요, 저는 작년에 한 이야기 아직도 대답을 못 들었는데요."

우리들의 대화를 엿들은 옆 테이블의 부인들도 우리집 이야기를 하냐며 깔깔대고, 남편 친구들은 할 말이 없어 웃기만 한다.

웃음이 잦아드는가 싶더니 모두의 시선이 내게 집중되었다. 당연히 나도 한마디 하려니 기대하는 눈치지만 할 말이 없어서 웃고만 있으니 내 옆에 앉은 남편 친구가 충청도

사람이 느려진 이유를 말하기 시작했다.

　삼국시대에, 나란히 붙어 있는데도 보은(충청도)은 백제 땅이고 상주(경상도)는 신라 땅이니 군사가 와서 무엇을 물어보면 백제군사인지 신라군사인지 잘 살펴보고 대답을 해야 했단다. 잘못 대답하면 반역죄로 죽을 수도 있었으니 말이나 행동이 느려질 수밖에 없었다고, 살아남기 위해 몸부림쳤던 조상들의 고통을 당신들이 알기나 하냐며 열변을 토했다. 친구의 괴변에 힘을 얻은 남편들은 친구의 말이 맞는다며 손뼉을 치며 환호성까지 질러 댄다. 아이 같은 남편들의 행동에 믿어야 할지 말아야 할지 부인들은 웃기만 했다.

　밤이 새도록 함께 하고픈 마음을 뒤로하고 다음에 또 만나자며 손을 내미는 그들에게 충청도 말투를 흉내 내며 내민 손을 잡았다.

　"또 봐~유."

2.

　초등학교 2학년인 딸아이가 남편에게 공기놀이를 하잔다. 오늘 학교에서 배운 모양이다. 저녁상을 물리고 남편과 딸은 거실 바닥에 담요를 깔고는 놀이를 시작했다. 공기놀이 요령에 대해 남편에게 수다를 떨며 연습을 하던 딸이 이제는 게임을 하자며 제안했다. 스무고개를 먼저 넘는 사람이 이기고, 꺾기에는 최소한 공깃돌이 두 알 이상은 올라가야 한다는 규칙을 정하더니 게임은 시작되었다. 가위바위보로 선을 정했다. 선에서 이긴 딸아이가 먼저 공격을 했다. 한 알 두 알 조심스럽게 하던 딸아이가 세 알을 줍지 못해 공격이 끝이 났다. 남편의 공격이 시작되는가 싶더니 어느새 꺾기를 한다. 어색한 손놀림으로 공깃돌을 잘 줍는 남편을 신기한 듯이 바라보며 딸아이가 물었다.

"아빠도 초등학교 때 공기놀이 배웠어요?"

"아니, 배우지는 않아도 친구들이랑 많이 했어."

"그래요, 아빠 공기놀이 잘해요?"

"그럼, 잘하지."

잠깐 대화를 하는 사이 남편은 어느새 열고개를 넘었다, 딸아이의 얼굴이 서서히 일그러지기 시작했다. 그런 딸의 모습을 본 남편이 두 알에서 못 줍는 척 게임을 끝냈다. 조금 기분이 좋아진 딸아이가 세 알과 네 알을 무사히 끝내고 꺾기를 하게 되었다. 긴장한 탓인지 딸아이의 손이 바들바들 떨렸다. 손에 묻은 땀을 허벅지에 한번 쓱 문지르고는 공깃돌을 손등으로 던져 올렸다. 공깃돌 세 알이 여기저기에 퍼져 앉았다. 당황한 딸이 한곳으로 모아 보겠다고 손가락을 꼼지락하는 순간 한 알이 땅에 툭 떨어졌다. 잘 할 수 있었는데 아쉬움이 역력한 채 딸은 공깃돌을 남편에게 넘겼다. 공깃돌을 넘겨받으며 남편이 딸아이에게 말했다.

"이제부터 아빠는 왼손으로 할게."

울상을 짓고 있던 딸의 얼굴이 환해졌다. 그것도 잠시 남편은 순식간에 열다섯고개, 스무고개를 넘어 버렸다. 한 고개도 넘어보지 못한 딸아이가 갑자기 울기 시작했다. 닭똥 같은 눈물을 흘리며 공기를 그렇게 잘하면 미리 말해 주어야 했었다며 이런 경우는 반칙이라며 서럽게 울었다.

남편은 서른고개를 딸아이는 스무고개를 넘으면 승리하는 것으로 규칙을 바꾸고 우는 아이를 겨우 달래고서야 게임은 다시 시작되었다.

딸아이는 두 번의 꺾기에서 겨우 오 점을 냈다. 남편이 또 오 점을 한 번에 냈고 다시 한 알을 시작해서 네 알 줄기를 하는데 딸아이의 표정이 심상치 않다.

'아빠, 혹시 왼손잡이예요?'

대답 대신 웃는 남편을 본 딸아이가 아빠는 반칙왕이라며 또 울기 시작했다. 공기놀이에서 진 것도 속상한데 아빠에게 속은 것이 더 억울해서 딸아이는 아예 대성통곡을 했다.

"세상을 어떻게 이기고만 사냐, 질 수도 있지. 그려, 안 그려?"

아빠의 말은 듣지도 않고 계속 우는 딸아이에게 남편이 다짐하듯 다시 말했다.

"그려, 안 그려?"

대답 대신 눈물을 손등으로 닦으며 딸아이가 고함을 버럭 질렀다.

"아빠는 할 말만 없으면 뭘 그래래, 그리긴 뭘 그려요."

소신(所信)

　원칙을 따지고 상식을 운운하는 나를 보며 친구가 말했다. 참, 너답다고.
　누구답다는 말은 긍정보다 부정으로 쓰일 때가 더 많다. 고집을 부리거나, 말도 안 되는 것을 요구할 때, 언제 어디서나 몰상식한 행동을 하는 사람에게 '너답다'라고 말한다. 어찌 보면 좋든 나쁘든 한결같이 행동하고 말하는 사람에게 어울리는 말이기도 하다.
　p 선생님과 만나기로 한 날 비가 왔다. 특별한 일없이 점심이나 같이 먹자며 선생님이 전화해서 잡은 약속이었다. 무섭게 퍼붓는 비가 걱정된다며 날씨 좋을 때 만날까 조심

스럽게 묻는 선생님께 비 오고 눈 온다고, 덥다고 춥다고 못 만나면 평생 못 보고 살 것이라고 말했더니 성숙 씨답다며 호탕하게 웃었다. 큰소리는 쳤지만 쏟아지는 빗속을 운전하느라 진땀을 흘렸던 그 날은 두고두고 생각나는 추억의 한 페이지다. 그날 이후로 선생님은 내가 무엇을 하든 든든한 지지자가 되어주었다.

  대부분은 아무렇지 않게 생각하는 일도 안 하면 큰일 날 것처럼 구는 나를 보며 속이 터진다고 하지만 그렇게 생긴 것을 난들 어쩌랴. 어제까지만 해도 나의 장점은 정직하고 약속을 잘 지키는 것이라며 칭찬을 하더니 오늘은 너무 보수적이고 융통성이 없다며 답답해하니 무엇을 기준 삼아야 할지 참 난감하다. 인간관계에서 가장 기본은 약속을 잘 지키는 것이라 믿는 사람보고 날씨나 환경, 상대에 따라 변하라니 내가 어찌 나 아닌 사람이 되라는지, 통박을 주고 싶어도 틀린 말만은 아닌 듯하여 돌아서서 침만 꿀꺽 삼킨다.

요즘은 모두가 내 일이, 내 생각이 우선이다. 당연하지만 모든 일에는 기본과 원칙이 있는데도 무시하고, 약속도 지키기 위한 것이 아니라 깨기 위해서 있다며 너스레를 떨어대니 너야말로 참 너답다는 말이 목구멍까지 올라온다.

좋은 관계란 대단하거나 특별한 계기로 만들어지는 것이 아니라 작은 감동이나 사소한 관심으로 시작된다. 인연은 흔하지만, 필연은 노력의 대가다.

감정적으로 처신하고, 가시 있는 말을 해도 마음은 그렇지 않다는 것을 알아주고 너답다는 말로 소신껏 행동하도록 격려를 아끼지 않던 선생님이 오늘따라 더 그립고 뵙고 싶다.

그렇지, 그래야 성숙 씨지.

착각의 자유

 하고 싶은 말을 못 참고 다 하는 사람들 대부분이 뒤끝은 없다고 스스로 말한다. 할 말 다 해 놓고 무슨 뒤끝, 그런 사람을 볼 때마다 천지(天地) 분간(分揀)을 못 하고 까불었던 어릴 적 내 모습을 보는 것 같아 창피함은 내 몫이 된다.

 언제 어디서나 내 의견을 거침없이 말하는 것이 소신인 줄 알았고, 어떤 일이든 작은 희생은 필요악이라 믿었으며, 해야 할 일에는 최선을 다하지만, 불의와는 절대로 타협하지 않았던 치기 어린 시절, 이도 저도 아닌 성격의 사람이 제일 싫었다. 말을 해야 할 때는 조용히 있다가 돌아서서

뒷말하는 사람은 더더욱 싫었다. 그런 사람들에게 온갖 싫은 소리 다 하고는 뒤끝 없는 사람이라며 우쭐댔던 내 모습이, 지금 생각하면 딱 철없는 어린아이다.

돌아보면 젊음 자체가 용기였다. 객기(客氣)를 마음껏 부릴 수 있으니 실패도 두려울 것도 없어 용감했다. 옳다고 믿는 일은 무조건 밀어붙이고, 나 아니면 안 된다는 자아도취도, 독불장군처럼 군림해 보는 것도 젊어서 가능한 일이었다.

k 교수님은 이런 나를 보며 당신의 젊었을 때를 보는 것 같다며 웃었다. 이유는 묻지 않았지만 존경하는 분이 자신을 닮았다 하니 마냥 좋아했던 기억이다. 잘난 척 으스대며 천방지축이어도 배우는 것에는 열심이고 만사를 나름대로는 잘한다고 애를 쓰니 늦게라도 철들 것을 교수님은 아셨나 보다. 똑 부러지는 성격이 걱정되지만, 때가 되면 알아서 고개 숙일 것이라 또 믿었기에 나를 보며 웃어 주셨으리라. 어쩌면 원치 않는 결과에도 불만이나 토 달지 않고 승복할 줄은 알았으니 그 점이 기특해서였을지도 모르겠다.

세상일이나 사람이나 좋게 보려면 한이 없고, 밉게 보려면 끝이 없다. 넘치는 열정을 주체 못 해서 부리는 호기(豪氣)에는 나도 웃음으로 응대(應對)할 수 있지만 누구에게나 제 감정 다 쏟아 놓으며 상처를 주고는 뒤끝은 없다며 큰 소리치는 사람을 보면 아무리 곱게 보려 해도 부족한 소양(素養) 탓인지 심기가 불편하다.

개구리가 올챙이 시절 모른다고, 스스로 뒤끝 없다는 사람을 보면 나는 뒤끝이 있고 싶다.

화풀이

 약자라는 이유로 누군가에게 된통 당하고 온 날이면 냉동실에서 멸치를 한 움큼 꺼내서 화풀이를 한다.

 대가리를 뚝 떼고 내장과 가시를 걷어내고 꼬리를 댕강 자른다. 그러거나 말거나 멸치는 우스운 꼴을 하고도 다소곳하다. 맞은 사람보다 때린 사람이 더 괴로운 법이라더니 두 눈 똥그랗게 뜨고 쳐다보고 있으니 울화가 더 치밀어 오른다. 불쌍한 표정이라도 지으면 고통을 덜 겪게 해 줄 수도 있는데.

 몸통을 사정없이 반으로 갈랐다.

 이제는 납작 엎드려 무조건 용서해 달라고 싹싹 빌겠지.

어라, 그래도 반응이 없네. 누가 이기나 한번 해 보자는 거야, 그렇다면 나도 성질이 있지 천지 분간도 못 하게 온갖 양념 발라서 기름에 달달 볶아 버릴 거야, 그러니까 이쯤에서 항복해라. 고집 피워봤자 손해는 항상 약한 자가 보게 되어있어, 네가 나를 이길 확률은 낙타가 바늘구멍을 통과하는 것과 같아, 달걀로 바위를 쳐 봤자 결과는 뻔하잖아. 천지가 개벽을 해도 멸치는 바위를 이길 수가 없어, 만고의 진리야. 혹시나 해서 말인데 내가 양심이 있어서 중간에 포기하지 않을까 그딴 기대는 안 하는 것이 좋아, 갑질에 맛든 사람들의 특징이 양심과는 거리가 이 세상 끝에서 저 세상 끝처럼 멀거든. 이래도 태연할 수 있어, 이제 눈 깔고 살려달라고 애원이라도 해. 눈물 콧물 짜면서 감정에 호소라도 해 보든가, 그래도 강자에게 약하고 약자에게 강한 소인배에게는 통할 리가 없지만, 뭐라도 해봐야 덜 억울하잖아. 어떻게든 살아서 역전의 기회를 노려봐야지.

  뭐, 지는 것이 이기는 것이니 상관없다고.

  그렇다면 나도 끝을 봐야지, 뜨거운 물에 우릴까, 형체도 없이 갈아 버릴까 고민해 봐야겠네. 그러기 전에 젖먹던 힘까지 짜내서 덤벼 보든가.

  낯선 곳에 묻히거나 버려지지 않고, 어떤 모습으로든 화목한 가정의 밥상에서 수다와 함께 사라질 수 있다면 그게 최고의 행복이라고.

와, 고집 한번 고래 심줄 저리 가라네. 이렇게 온갖 고문 당하고도 모자라 흔적도 없이 사라지는데도 본분을 다해서 다행이라고, 소원이라면 그렇게 해주마.

강한 척 유세를 떨며 잘난 척을 해도 나도 누군가에게는 멸치야.

너도 알지.

사랑은

 끼니때마다 뭘 해 줄까 묻는 언니를 사랑스러운 눈길로 바라보며 환하게 웃던 형부에게 팔불출이라며 놀리곤 했었는데 결혼을 앞둔 나를 찾아온 언니가 내 손을 꼭 잡으며 기왕이면 남편이 좋아하는 것을 해주며 살라는 말로 축하 인사를 대신했다.
 누군가의 덕담을 실천하기가 쉽지는 않지만, 행복해 보이는 언니 부부의 잘사는 비법인가 싶어 결혼 후에 따라 해 보니 사랑은 받을 때도 좋지만 줄 때가 더 행복하다는 말이 딱 맞았다.
 남을 먼저 생각하는 것이 습관이 되어 밖에서도 상대방

이 좋아하는 것을 해 주려 노력하고, 일을 같이할 때도 묵묵히 따르고, 어디를 가더라도 상대가 원하는 곳으로 가주었다. 그렇게 하면 상대도 나처럼 해 줄 것이라 믿었는데, 아무리 잘해도 모두를 만족하게 해 주지 않는 것이 인간관계 같다. 혼자는 아무리 애를 써도 상대의 마음을 읽으려고 하지 않는 사람에게는 소가 닭 보듯 하니 말이다.

 가끔은 나름대로 배려하는 나의 행동을 이래도 저래도 되는 사람으로 보는 사람이 있어서 쓴소리했더니 단번에 까칠한 사람으로 치부해 버린다. 어리석은 사람들은 누군가가 양보하고 배려하면 본인이 잘나서인 줄 알고, 말없이 듣고만 있으면 또 제 말이 다 옳아서인 줄 알고, 쳐다보고 웃기만 해도 자기가 좋아서인 줄 안다.

사소한 감정으로 토닥대는 일들이 친해지기 위한 대가라고는 하지만 그 또한 서로가 마음이 열려있을 때의 이야기다. 내가 상대방에게 하는 행동이나 말이, 누군가에게 들어도 전혀 서운하거나 화날 일이 아닌지 한 번쯤만 생각해보고 처신을 한다면 오해 살 일도 서운하게 할 일도 없을 것이다.

상대방이 멋있고 예뻐 보인다면 아직은 덜 친해진 증거라는데, 그럼 뒤통수도 보기 싫을 정도로 미운 사람들은 너무 친해져서일까.

통통한 가지가 먹음직스럽길래 한 바구니 사 와서는 볶아줄까, 무쳐줄까, 남편에게 물으니 가장 쉬운 방법으로 해달라는 한결같은 대답을 한다. 나의 마음을 알고 생각해 주는 한 사람이 있으니 그래도 위로가 된다.

진정한 사랑은 도돌이표다.

감정의 유효기간

　하루에도 수십 번 여닫는 냉장고의 내용물에 며칠 무심했더니 우유 한 통이 그만 유통기간이 지나 버렸다. 먹어야 될 시기를 놓쳐 아까운 마음이 들었지만 버리기로 했다.
　우유를 버리며, 사람의 감정에도 유효기간이 있으면 어떨까 하는 생각을 했다. 사랑이 증오로 변하여 싸움만 하다가 결국은 헤어지는 부부나, 사소한 다툼이 원인이 되어 몇십 년을 만나지 않고 사는 사람들을 볼 때마다, 우리 몸속에 감정의 위험 수위를 알리는 기관이 있어서, 지나친 감정들을 냉각기를 갖게 해 주면 좋겠다는 상상을 했다.
　언젠가 친구에게 누군가를 미워해 본 적이 있느냐고 물

었더니, 두 눈만 말똥거렸다. 그 사람을 안 보고 살 수만 있다면, 내가 가진 것을 다 포기할 만큼 싫어하거나, 그를 보느니 차라리 자는 듯이 죽어 버리고 싶다는 생각을 해 본 일이 있는지도 물었다. 이상한 질문만 계속하는 나를 물끄러미 바라보던 친구가 어이없다는 듯이 "그렇게 싫으면 안 보고 살면 되지."라며 빙긋이 웃었다.

한편, '하루라도 안 보면 못살 것 같은 사랑을 해 본 적은 있는지? 그와 함께할 수 있으면 주머니에 넣고 다니는 손수건이 되어도 좋고, 가방 속에 있는 볼펜이라도 되고 싶은 감정을 가져 본 적이 있느냐'는 우스운 나의 질문에, 친구는 담담하게 "그렇게 좋으면 같이 살아야지."라며 이번에도 빙그레 웃었다.

그렇게 모든 감정을 내 마음대로 할 수 있으면 얼마나 좋을까. 싫은 사람을 물건이나 음식처럼 버릴 수 있다면 또 얼마나 좋을까. 친구의 말처럼 안 보고 살아도 될 사람이라면 미워할 필요도 없고, 보고 싶은 걸 참는 고통보다 증오가 되더라도 그 사람과 결혼을 하고 싶은 마음은 누구나 살면서 한 번쯤은 품어 본 감정이리라. 하지만 먹기 싫은 음식이나 쓰기 싫은 물건은 버리면 되지만, 오죽하면 사람 싫은 것은 약도 없다고 했을까.

연애결혼을 하면서, 아들에 비해 변변히 내세울 조건 하나 없다는 이유로 나를 탐탁지 않게 여겼던 시어머님으로 인해 초기 시집살이가 힘들었다. 지금 생각해 보면 그럴 수도 있는 일이었지만 그때는 모든 것이 서러웠다. 좋은 며느리가 되고자 아무리 노력해도, 아들의 마음을 일방적으로 빼앗아 간 사람으로만 보는 시어머님이 반사조건처럼 나로서도 미워졌다. 하지만 무조건 네가 잘 하라고만 하시던 친정 부모님의 말씀을 거역할 수 없어 밤마다 아무도 모르게 울면서 어느 누구에게도 시순한 내색을 하지 않고 살았다. 살갑게 굴며 나의 장점을 보여 드리려 노력했지만, 단점만을 캐내어 미워하는 마음을 읽고부터는 서운함이 쌓여 나의 가슴에는 날이 갈수록 원망이 가득해졌다. 세월이 흐를수록 내 마음은 못난 나를 자책하기보다 남을 탓하며, 자는 듯이 죽을 수 있는 능력이라도 있으면 좋겠다는 생각을 가져보기도 했었다.

사춘기 시절, 큰 키에 잘생긴 선생님이 멋있어 보여 혼자 좋아했다. 아침마다 꽃을 꺾어 선생님 책상에 꽂아 주는 친구처럼 표현은 못했지만 선생님을 생각하면 하루가 즐거웠다. 하루 종일 무엇을 하든 선생님 얼굴이 아른거렸고, 누우면 천장에서, 식사 때면 밥상머리에서도 선생님의 하얀 얼굴이 떠다녔다. 맑은 날에는 파란 하늘에, 비 오는 날에는 빗소리에, 눈 오는 날에는 눈송이에, 바람이 부는 날에는 흔들리는 창문 소리로 선생님은 항상 내 곁에 있었다. 맛있는 음식을 먹어도, 잠을 잘 때도, 깨어 있을 때도 온통 선생님 생각으로 머릿속은 꽉 차 있었다.

어려서는 '나와 너' 사이의 관계에서 일어나는 감정을 잘 몰랐다. 내가 잘하면 모든 것이 원만하게 되는 줄 알았다. 결혼을 하면서 사람의 됨됨이나 의지와는 상관없이 외형적 조건만으로 미움을 받을 수도 있다는 것을 겪었다. 이제는 미움도 사랑만큼 사람을 달라지게 한다는 것을 알았다. 참는 것만이 능사가 아닌 것도 터득하고, 감정의 양면성을 숱하게 경험했다. 세상에 절대적인 장점만 가진 것은 없다는 생각을 했다.

곰곰이 생각해 보니 감정에도 유효기간이라고 부를 것이 있다. 오매불망했던 첫사랑 선생님은 사춘기라는 유효기간으로 존경하는 분으로 추억에 남았고, 어머님은 친정어머니가 아닌 고부(姑婦)라는 유효기간 덕분에 나와 맞추려고 노력하며 잘 살고 있다. 딸이 자라 성인이 되고 보니, 자식보다 더 나은 배우자를 만났으면 하는 바람은 인지상정인 것을 알았다.

우유에 유산균을 넣고 발효를 시켜야 요구르트가 되듯이, 서로에 대한 탐색기와 정이 들기까지의 과정도 없이 무조건 품어 주기만 바랐던 나의 급한 성격이 그때는 왜 안 보였을까. 세월이 많이 흐른 지금, 진득하니 기다릴 줄도 알고, 보이지 않는 이면까지 볼 줄 아는 지혜와 멀리 보는 안목을, 시어머님은 미움을 가장한 참사랑으로 내게 가르쳐 주고 싶었나 보다. 가끔은 다스리지 못했던 감정의 후유증으로 밤잠을 설치며 가슴이 아프기도 하지만, 그 또한 인간이라면 누구나 겪는 일이리라.

선입견이나 나의 짧은 잣대로 사람을 대하기도 한다. 냉장고에 들어 있는지조차도 모르거나 하루하루 미루다 개봉도 않고 버려진 우유같이 누군가를 대하지는 않았을까. 나 역시 누군가에게 그런 사람이 되지는 않았을까. 한순간에 하수구로 휩쓸려 가 버리는 우유를 보며 유효기간에 충실해야 하리라는 생각에 잠긴다.

내가 젖을 수밖에

나른한 오후, 산책길에 나섰다. 10분쯤 걸었을까 비가 부슬부슬 내린다. 이 정도쯤이야 무시하고 걸었다. 중랑천 물소리, 억새를 흔드는 바람 소리에 가랑비는 잊고 있었는데 어느새 옷이 젖었다. 돌아갈까 잠시 고민을 하다가 되돌아선다고 달라질 일 없어 그냥 자연을 즐기기로 했다. 결정을 하고 나니 더 젖을까 두려웠던 마음이 일순간에 사라졌다.

누군가와 친해지는 일은 참 어렵다. 볼수록 마음 가는 사람과는 쉽게 친분을 쌓게 되지만 자기 고집만 앞세우는 사람과는 만날수록 미움이나 상처만 만들게 된다. 그런 사람을 안 보며 살 수도 없는 사이일 때는 만나기 전부터 마

음고생을 하게 된다.

  남편의 초등학교 동창 부부 모임에 가입을 하고 첫 모임에 참석을 했을 때다. 오전 일찍부터 만나 먹고 마시며 시작한 모임이 오후가 되니 음주가무까지 더해져 소란스럽고 정신이 없다. 취해서 했던 말 자꾸만 해대는 부인들의 낯선 모습에 머리까지 지끈거리는데 노래 한 곡 하라며 채근이다. 참을 수 없어 화를 버럭 냈다. 순간 싸해진 분위기에 걱정스런 마음도 잠시, 취해서인지 그들을 금방 좀 전의 모습으로 돌아갔다. 시종일관 육두문자를 쓰는 친구, 연신 술만 권하는 친구, 뭐가 그리 즐거운지 큰소리로 껄껄대는 친구…. 지나친 그들의 행동을 꼬집으며 남편을 힘들게 했던 그 날 이후, 나는 그들을 만나야 되는 날이 정해지면 몸살을 앓았다. 일 년에 한 번이지만 그들은 오래도록 뇌리에 남아 일상에서 기억의 오류까지 만들기 시작했다. 나의 감정 따윈 안중에도 없고 그들에게 끌려다니는 남편의 행동이 못마땅해서 모임을 하고 온 후에는 한동안 짜증을 부려도 그러려니 했다.

  우리는 친하다는 이유로 상대방이 나에게 모든 일을 맞추어주기를 바란다. 그래야만 나를 인정해 준다는 생각을 또 한다. 잘 알수록 내가 어떤 행동을 하고 말을 하든 무조건 이해해 주리라 믿으며 상대방을 힘들게 한다. 배우자가 마음에 안 들어 한다고 부모님을 바꿀 수 없듯이 동창들을 유능하고 멋진 친구들로만 둘 수도 없다. 고향이 절대로 바뀔 수 없는 것처럼 누구에게나 절대적인 것들은 부부라도 서로가 건드리지 말아야 할 부분들이다. 남편에게 있어서 부모 형제처럼 동창들도 바뀔 수 없는 것임을 나는 생각도 못 했다. 친하다고 함부로 대하는 사람들 말고 멋지게 성공한 사람들 하고만 친하기를 내 마음대로 고집부린 꼴이라니. 내가 그들이 성에 차지 않은 것처럼 그들인들 내가 마음에 들고 예뻤을까. 만날 때마다 인상 쓰며 고상 떨고 앉아 있었을 내 우스운 꼬락서니라니 생각만 해도 민망함이 하늘을 찌른다.

  피할 수 없을 땐 즐기라 했다. 세상사 내 맘대로 되는 일이 얼마나 될까. 비에 젖어 떨어보니 그들을 지혜롭게 피하는 방법을 생각하게 되었다. 이처럼 인륜으로 어쩔 수 없는 일에 도전하는 어리석은 마음만 버리면 인간관계도 저절로 좋아진다. 자연이나 인간이나 맞서려 하다 보면 서로에게 상처만 남길 뿐이다. 어떤 일도 순응하면 마음도 편하고 행복해진다. 누구와도 즐겁게 더불어 잘 사는 방법은 내가 그들에게 젖어 들면 된다. 그냥 상대방이 나를 대하듯 나도 그들을 대하면 된다. 그러다 보면 어느 사이 가랑비에 옷 젖듯이 서서히 젖어 내가 누구와 무엇을 하는지조차도 잊게 되는 일. 그래야 모든 일이 즐겁다. 산다는 것도 그런 것이다. 내리는 비에 바지 끝단이라도 젖을까 걱정하다 사정없이 내리는 비에 홀딱 젖어버리면 차라리 마음 편해졌던 기억. 퍼붓는 소낙비에 조금이라도 젖지 않을 재간이 누가 있으랴. 흠뻑 젖어 보면 생각처럼 큰일이 일어나지도 않는다는 것을 누구나 한두 번쯤은 경험했을 터. 인간관계도 똑같다. 두려워할수록 상대는 나에게 더 큰 위력으로 다가오고 무관심해져 버리면 소낙비도 가랑비처럼 편해진다. 어떤 것에도 내가 젖어버리면 힘든 일도 사소함이 되는 것. 아무리 큰 시련도 그까짓쯤이야 사소해지면 사는 거 별거 없다는 진리도 깨닫게 되고 기왕 젖었으니 맘껏 취해보고 싶은 용기까지 생기게 만든다.

도저히 이해할 수 없었던 그들에게 젖고 보니 이제는 정겹다. 상스러운 말투도 고향 사투리처럼 들리고 한잔 술에 객기를 부려도 친구들 만나 기분이 좋은가 싶다. 못 먹는 술을 권하고 또 권해도 싫은 내색 없이 받아서는 입술만 적시며 같이 냄새를 풍긴다. 사소한 수다에도 고개 끄덕여 주고 실없는 농담에도 박장대소로 답한다. 눈을 맞추고 입을 맞추니 대화의 물꼬도 술술이다. 사소한 행동에도 사춘기 소녀처럼 깔깔대며 맞장구를 쳐주다 보니 어느새 몸이 가벼워진다. 그들의 얼굴에 훈장처럼 생긴 주름살마저 사랑스럽다.

처음 있는 버스 대절 관광에 다들 조금씩 들떠 있다. 음주엔 가무가 당연지사. 마이크가 돌아간다. 처음 만나 짜증 냈던 미안함을 무마할 좋은 기회, 한 곡 하라며 등 떠미는 사람을 못 이긴 척 나아가서는 엉덩이를 씰룩이며 노래를 했나. 낙동강 강바람이 치마폭을 스치면 군인 간 오라버니 소식이 오네. 에헤야 데헤야 노를 저어라 삿대를 저어라. 열심히 노래하니 그들도 덩달아 손바닥이 아프도록 박수를 치며 합창을 한다.

상대방이 미워 보이면 그도 내가 미워 보일 때 있는 법이라고 결혼하고 첫 부부싸움 후 토라져 있는 나를 달래며 남편이 했던 말이다. 가끔은 누군가에게 서운함이 생겨 미운 마음이 들어도 나도 그들에게 그렇게 보일 때 있으리라 생각하며 나를 다독인다. 사람은 상대적이다. 내가 만나는 그들이 나의 일면이듯 그들도 나를 통해 자신을 보리라.

이젠 애써 젖을 일 따윈 없으니 나날이 즐겁다.

아버지의 위상

이른 새벽, 똑똑똑 도마 소리에 눈을 떴다.

"칼 좀 갈아 달래니께유…."

제 몸도 겨우 가누는 아버님을 향한 어머님의 목소리가 허공으로 흩어진다. 제 몸도 맘대로 할 수 없는 일이 아버님에게 일어난 지 강산이 변할 만큼 세월이 흘렀지만 어머님의 칼갈이 타령은 세월 갈 줄을 모른다. 대답 대신 아버님의 신문 뒤적이는 소리만이 간간이 들린다.

슬그머니 일어나 머리맡에 놓아둔 고무줄로 머리를 묶고는 밖으로 나왔다. 문안 인사를 하고는 싱크대에 널브러져 있는 행주를 빨았다. 가스레인지 위 뚝배기에는 된장이 알

맞게 풀어져 있고 깍둑 썰린 양파가 물 위에 둥둥 떠 있다. 끓기 시작하면 넣을 버섯과 파를 썰면서 어머님의 하소연은 다시 시작되었다.

"남들은 칼도 잘 갈아 준다는 데 남자가 집에 있으면서 칼 한번을 시원하게 안 갈아주니… 내가 이러고 산다."

언제부터인지 기억은 없지만 어머님은 환자인 아버님께 칼 갈아 달라는 요구를 하기 시작했다. 시장에 나가면 칼 가는 기구들이 얼마나 많은데 괜한 일로 화를 내고 짜증을 부리는지 이해가 안 되었다. 그럴 때마다 어머님께 탐탁지 않은 며느리인 나는 가시방석이었다. 종내는 어쩌다 오는 시댁에서 매번 늦잠을 자는 나를 아버님을 통하여 미움을 표현하는 것으로 생각을 했었다. 두 아이 키우느라 피곤하고, 장거리 이동에 지치고 낯선 잠자리에 뒤척이다 늦게 잠든 나는 늘 늦잠을 잤다. 아침을 다해놓고도 한참을 기다려야 겨우 일어나는 며느리를 나무라기는커녕 무조건 웃음으로 대하는 아버님이니 어머님의 원망이 더했을 수밖에. 이런 분위기에 긴장한 나는 또 늦게 일어날까 조바심에 뒤척이다 늘 새벽녘이 되어서야 잠들다 보니 몰염치한 며느리가 되었다. 미운 놈이 미운 짓만 골라 한다는 속담처럼 어머님에게 나는 그런 존재로 생각을 굳혔고, 휴일 새벽같이 일어나 아침 할 이유도 없는데 어머님의 행동을 나는 시어머니 심술로 생각하게 되었다.

  어릴 적 아버지가 칼을 가는 소리에 잠을 깬 적이 있다. 수돗가에 떡하니 앉아 칼을 가는 아버지의 모습이 어린 눈에는 수십만 군의 적군을 물리치기 위한 용사의 포스였고, 칼날을 노려보는 눈은 부하들의 사소한 행동까지 꿰뚫어 보며 지휘하는 장군처럼 보였다. 잘 갈린 날을 손끝으로 확인하는 모습은 적진의 허점을 꽤 뚫을 기세였고 날이 제대로 선 칼을 어머니께 건네던 모습은 승전보를 올리는 개선장군 같았다.

집안에서 칼을 맷돌에 갈 수 있는 사람은 아버지뿐이었다. 누구도 범접할 수 없는 영역. 가족의 주체이자 대들보. 내가 어릴 적에는 대부분 집에서 절대적인 존재는 아버지였다. 그의 말은 최소한 그 집에서는 법이었고 그가 시키는 어떤 일이든 누구도 거역할 수 없었다. 한없이 강하고 무서운 존재였지만 가족들을 위해서는 당신의 모든 것을 불태우는 멋진 사나이이기도 했다. 집안의 모든 어려움이나 힘든 일을 도맡아 하는 해결사였고 개인보다 모두를, 오늘보다 더 나은 내일을 설계하고 불의를 보면 용감하게 맞서 싸우는 대장이었다.

많은 직원 삐걱댐 없이 거느리고 장손으로서의 할 일 빈틈없이 하시던 아버님이 오십도 되기 전에 쓰러져 뇌수술을 하고는 아무것도 할 수 없는 사람이 되었으니 어머님은 하늘이 무너짐을 느꼈으리라. 아롱다롱 자식들은 다들 학교에 다니고 수술 후유증으로 툭하면 밖으로 뛰쳐나가는 아버님을 건사하기에도 벅찬 나날들을 어찌 제정신으로 버텼을까. 아침마다 구부정한 어깨를 하고 신문을 뒤적이는 아버님을 볼 때마다 내 삶이 송두리째 무너졌음을 눈으로 확인하는 나날들이었으니 무슨 말인들 한다고 속이 편할까. 칼날이 무디어질수록 나에게 주어진 슬픔이나 고통도 함께 무디어지면 좋았을 것을 어쩌자고 세월이 갈수록 행복했던 지난날들은 자꾸만 떠올라 심기를 불편하게 했는지. 잘 갈아진 칼이 쓸모없는 칼이 되어 방치되어 있다는 생각에 하루에도 몇 번씩 세상이 무너지는 소리를 들으며 어머님은 나날을 보냈으리라.

 우리는 서운함을 겪거나 상대방이 내 마음을 몰라줄 때면 너도 당해봐야 안다는 말을 한다. 나이 들수록 꼭 겪어봐야 아는 일들이 서서히 줄어든다. 된장찌개에 넣을 무를 썰다 말고 칼을 간다. 쇠로 된 봉에 가늘게 줄이 그어져 있는 칼갈이에 앞뒤로 몇 번 문지르니 무디었던 칼날이 살아난다. 나는 남편에게 칼 갈아 달라며 소리칠 일은 없지만, 가장의 위상이 땅에 떨어진 요즘 처자식 건사하기에 바빠 소처럼 일만 하던 아버지들을 생각한다. 가난했지만 꿈이 있어 행복했고 무엇을 하든 힘이 되어 주었던 아버지, 그 이름만 들어도 세상에 두려울 것이 없었던 그때가 해가 갈수록 그립다.

 아버님의 칼날이 무디어진 나이보다 훨씬 더 희끗해진 머리카락을 하고 남편이 컴퓨터 앞에 앉아 있다. 요즘은 칼 잘 갈아주는 남편보다 컴퓨터를 잘하는 유능한 남편이 더 대접받는 시대다. 절대적이었던, 그래서 어쩌면 독재자로 군림하는 것처럼 보였던 아버지들의 권위가 어머님의 칼갈이 타령과 함께 사라져버린 요즘, 자식은 물론 반려동물에게도 서열이 밀려버린 아버지들을 생각하면 쓸쓸한 마음이 앞선다. 맞벌이에 집안일도 공동으로 하는 젊은이들은 쌍심지를 켜며 반박을 할지 몰라도 요즘 인터넷에 떠도는 가정에 있어야 될 중요한 것들 중 한 가지가 언행에 모범을 보이는 어른이 집안에 반드시 있어야 된다는 어른이 아버지면 더없이 좋지 않을까란 생각을 한다. 아내는 남편을 믿으며 따라주고 남편도 아내를 무조건 감싸주는 제 몫을 다할 때 아이들도 부모에게 효도하는 것을 당연하다고 생각하리라.

  대통령도 여자인 시대에 뭔 헛소리냐는 젊은이들의 지청구가 귓전을 때리지만.

  난 여전히 수돗가에 앉아 칼을 가는 아버지가 그리운 요즘이다.

악연

 참 이상한 일이다. 지금까지 딱 두 번 만났고 지금은 어디에서 무엇을 하며 사는지 모르는데 늘 생각나고 궁금하지만, 다시 보고 싶지는 않은 친구가 내게 한 명 있다.
 고등학교에 입학하고 낯선 환경과 처음 보는 친구들과의 어색함이 덜해져 갈 무렵 한 친구가 집안일로 자퇴를 했다. 얼마 후 그녀가 나에게 편지를 보내와서는 엄마가 돌아가셔서 아버지와 오빠들 수발이며 농사일을 도와야 해서 자퇴를 했다고 했다. 친하게 지내고 싶으니 꼭 한번 놀러 오라는 그녀의 말에 방학을 맞아 집에 갔을 때 표정 없는 두 오빠와 아버지를 보고는 많이 힘들겠다는 생각을 했었다.

점심때가 되어 들어온 그들은 그녀가 차려주는 밥상에 둘러앉아 말 한마디 없이 식사하고는 바로 논밭으로 다시 나갔다. 그들의 행동을 물끄러미 보던 그녀가 밥상을 부엌에 갖다 놓고 나와서는 앞들을 하염없이 바라보고 서 있었다. 나도 그녀 옆에 서서 오빠와 아버지가 걸어가는 뒷모습을 보고 있는데 한참 후에 그녀가 혼잣말처럼 중얼거렸다. '저 연못에 우리 엄마가 빠져 죽었다.' 논 가운데를 가리키는 그녀의 떨리는 손가락을 바라보며 멍하니 서 있는 나를, 실성한 듯이 웃으며 쳐다보던 그녀의 초점 없는 눈빛을 나는 지금도 잊을 수가 없다. 어린 마음에 그녀가 불쌍하다기보다 무서웠다. 그녀의 고통이, 아버지와 오빠들의 무표정이 비로소 이해가 되었다. 강하고 진한 여운을 남기고 그녀와의 첫 만남은 그렇게 끝이 났다.

세월이 흘러 결혼하고, 많은 빚을 내어 마당도 없는 다세대 집을 지어 이사 온 지 몇 달 후에 어떻게 알았는지 그녀가 전화했다. 결혼식은 못 했지만 다섯 살 된 딸 하나 키우며 서울 근교에 살고 있다는 그녀가 나를 만나러 내일 당장 우리 집에 오겠다고 했다. 세 살 된 딸과 둘째를 가져 힘들었을 때라 손님이 달갑지는 않았지만, 그녀의 환한 모습을 기대하며 찾아오는 방법을 알려주고는 전화를 끊었다.

다음 날 약속 장소로 마중을 나가보니 아이의 손을 잡고 부부가 서 있다. 신호가 바뀌기를 기다리며 아이들 먹일 뭇국과 수다 떨며 먹을 고구마만 쪄놓았는데 당황도 되고 괜히 오라고 했나 후회를 했었다. 어머님이 만들어주신 김장용 김치 몇 가지와 뭇국으로 상을 차렸다. 많이 드시라는 나의 말에 밥상과 나를 쳐다보던 그녀 남편이 국을 친구에게 떠밀었다. 싸해진 분위기에 식사가 끝나고 커피를 마시던 그가 이런 집 전세는 얼마냐며 조사하듯이 물었다. 갑작스러운 질문에 우리 집이라 보른다며 대납을 하는 순간, 얼굴이 붉어지며 소매를 걷어 올리는데 용인지 뱀인지 팔 전체가 문신이었다. 두려움에 숨쉬기조차 힘든데 친구 남편은 나도 대학만 나왔으면 이런 집 열 채도 넘게 가지고 살 수 있다는 등 열변을 토했지만 더는 아무것도 들리지 않았다. 그녀가 어떻게든 남편을 데리고 빨리 가주기만을 기다리는데 고개를 숙이고 가만히 앉아 있다.

  얼마나 시간이 흘렀을까 아이들 방에서 딸의 울음소리가 들렸다. 달려가 보니 얼마 전에 아빠한테 생일 선물로 받은 인형을 친구 딸이 갖겠다고 한 모양이다. 다른 인형 사 주마 달래는데 그녀가 아이에게서 인형을 빼앗아 던져주고는 딸아이의 손을 끌고는 현관으로 나갔다. 신발을 신고 있는 아이 손에 천 원짜리 몇 장을 쥐여주며 잘 가라는 인사를 하니 그녀가 지갑에서 똑같은 돈을 꺼내 우리 딸 앞에 놓고는 휑하니 나가버렸다. 그녀 남편도 그들의 옷을 들고 말없이 나가고 긴장이 풀린 나는 바닥에 주저앉아 한참을 앉아있었다.

그녀가 왔다 가고 머릿속이 복잡했다. 고기 한 점 없는 저녁상이 서운했을까, 딸아이에게 준 돈이 작아서 화가 난 걸까. 못 보고 살았어도 가슴 한쪽에 찬바람으로 자리하고 있던 그녀인지라 포근하게 보듬어 주고 싶었는데, 위로는 고사하고 말 한마디 제대로 못 했는데 왜 그렇게 화가 났는지 도대체 알 수가 없었다. 날이 갈수록 그들의 모습이 꿈에라도 보일까 두려워 뒤늦게 한다는 결혼식에는 안 갔더니 훗날 다른 친구에게 내가 그녀가 못 배우고 못산다고 무시했다고 말했다 했다.

살다 보면 별의별 일을 다 겪게 된다. 나이 먹으니 작은 오해나 사소한 원망은 무시하게 된다. 누군가 내가 하지도 않은 일 했다고 떠들고 다녀도 내가 떳떳하니 상관없다. 사소한 이유로 시기하고 질투하고 미워하고 손가락질해도 그들의 인격이라 치부하며 담담하게 넘길 수도 있다. 하지만 자신의 열등감이나 피해의식으로 상대방을 모함하는 것은 참을 수가 없다. 사춘기 시절에 한 번 보고 십오 년이 지나 어른이 되어 다시 만난 사람이 잘사는지 못사는지 내가 어떻게 알까. 식사도 아이들이 어리고, 무리해서라도 특별한 음식 차려 대접할 어른이 아니라 따뜻한 밥이나 지어 정담 나누며 먹고 싶었는데 그것이 그렇게 친구 부부를 화나게 할 줄은 몰랐다. 잘살아 보이는 친구가 차린 밥상이 성의 없어 남편 보기 민망했을 수도 있겠다 싶다가도 남편이랑 같이 온다고 말이라도 해 주었으면 좋았을 것을 나 역시 서운했다. 싱다리 부러지게 차려놓고 그녀를 맞이했다면 대접 잘 받았다고 딴 친구에게 말했을까. 아니면 또 있는 척 잘난 척하는 꼴불견 친구라 말하진 않았을까. 나 역시 그녀처럼 생각하다가 사춘기에 힘든 일을 겪고 애늙은이처럼 살았으니 평범한 사람과는 다르겠지. 남자들 틈에서 가족 사랑인들 제대로 느끼며 살았을까, 하고 싶은 것들은 또 얼마나 해보고 살았을까 측은한 마음으로 이해하려 해도 쉽지가 않다.

많은 사람 속에 인연이 되는 사람이 있는가 하면 정 나누며 잘 지내다가 원수가 되는 사람도 있고, 늘 생각나고 그립지만 못 보고 사는 사람도 있다. 남들에게 어떤 사람이 되느냐는 나 할 탓이라지만 아무리 잘해도 상대방이 밉게 보자면 한이 없는 것이 인간관계다. 그녀를 본 지 이십 년이 넘도록 소식도 모르고 살고 있지만, 일상에서 늘 함께하는 그녀는 지금껏 한 번도 환하게 웃는 모습을 내게 보이지 않는다. 덤덤하고 주눅 든 그녀의 얼굴에서 일찍 세상을 등진 그녀의 엄마 모습을 생각하게 한다.

이제는 그녀가 어둡고 긴 터널을 빠져나와 삶의 무게를 이기지 못하고 떠나버린 엄마의 몫까지 행복한 삶을 누리고 있기를 간절히 기원해본다.

열정

 누구나 죽기 전에 꼭 해보고 싶은 것 한두 개쯤은 가슴에 품고 산다. 어쩌다 기회가 닿아 시도했다가 마음처럼 되지 않아서거나 생업에 밀려 작심삼일로 끝을 낸 적도 있겠지만 내게도 아지랑이가 피어오를 때마다 가슴을 충동질하는 것이 있다.
 웬만한 사람보다 유연성은 좋은데 춤에는 영 소질이 없는 나를 보며 다들 의외라 한다. 그 정도면 발레를 하고도 남을 수준인데 음악만 나오면 몸이 굳어버리니 이해가 안 간다는 눈치다. 나 역시 도가 지나치도록 뻣뻣해지는 몸 앞에서는 어쩔 도리가 없다. 잘은 아니더라도 노래 한 곡을 하는 동안이라도 가볍게 흔들고 싶은데 안 된다. 두어 번 문화센터에 등록해서는 도전해 보았지만 한 달이 가고 두 달이 지나도 도무지 나아질 기미가 안 보여 실망하다가 관두었다. 이제는 자신도 없고 다시 도전할 엄두도 못 내지만 꽃이 만발하여 가슴이 설레거나 뒹구는 낙엽이 마음을 심란하게 하면 온몸이 땀으로 범벅이 되도록 흔들어보고 싶은 마음이 굴뚝같다.

진득하지 못한 성격이다 보니 특기도 없다. 전업주부라 취미로 접해 본 것은 많아 심심치 않게 소일은 하나 특별히 내로라할 것 하나 없다. 이런 나의 속내도 모르는 지인들은 도대체 못 하는 것이 뭐냐며 칭찬을 하지만 그럴 때마다 쥐구멍이라도 찾고 싶다. 나이 들어보니 이제는 사소한 것도 쉽게 엄두를 못 낸다. 종일 책상에 앉아 강의를 듣고 저녁이면 숙제를 하느라 바빴던 생활도 자신이 없어진 지 오래다. 소소한 즐거움에 만족은 하나 해가 바뀔 때마다 더 늦기 전에 번듯하니 내세울 만한 한두 가지쯤에 자꾸만 욕심이 난다.

누구나 무엇이든 잘하고 싶은 마음은 똑같다. 좋아하는 것은 달라도 언제인가는 꼭 해 보고 싶은 마음도 비슷하니 품고 있으리라. 아무리 노력하고 용을 써도 생각처럼 되지 않는 부분 역시 누구에게나 있고 한두 가지쯤 마음대로 못 하는 부분도 똑같이 있을 것이다. 좋아한다고 다 잘할 수 있는 것도 아니고 갖고 싶다고 다 가질 수도 없다. 하고 싶은 일만 하고, 하기 싫다고 안 하며 세상을 살 수도 없다. 좋아하는 사람만 보고 싫은 사람을 안 보며 살 수도 없지만, 내 마음이지만 내 마음대로 못하고 사는 것 역시 인간이라면 대부분이다.

세상은 내 맘대로 되는 것보다 되지 않는 것이 더 많다는 것을 깨닫고 보니 어느새 중년이다. 이제는 움켜쥐기보다 버릴 줄 알아야 한다는 생각이 든다. 버리자, 비우자 말은 하면서도 머리와 마음이 아직도 따로 노니 심란하다. 생긴 대로 능력대로 사는 것이 순리인 걸 알면서도 사소한 욕심 하나 다스리지 못하며 사니 무엇인들 제대로 할 수 있을까.

지난날을 돌이켜보니 해보고 싶은 일만큼 욕심도 많았다. 누구에게나 사랑받고 인정받는 사람이 되고 싶었다. 그러다 보니 무엇이든 남들보다 뛰어나야 한다는 강박관념에 사로잡혀 있었다. 말로는 보이는 것이 다가 아니라 내면에 충실하자 하면서도 꽉 차 있는 욕망에 지배당하며 살았으니 무엇인들 잘 되고 인상인들 유했을까. 나보다 더 잘하는 사람

들을 괜히 시기하고 질투하며 원망까지 하느라 바빴던 못난 마음을 다스리기 시작하면서 사는 것이 즐거워졌다.

이제는 일처럼 사람도 무엇을 잘하는 사람보다 열심히 하는 사람이 좋고, 곁에 있는 것으로도 힘이 되는 사람이 좋다. 펑펑 샘솟는 정은 아니어도 볼수록 정감이 가는 마음이 고운 사람이 좋고, 근심을 만들며 청승 떠는 사람보다 사소한 슬픔쯤은 무시해 버릴 수 있는 통 큰 사람이 좋다. 보이는 것만 믿어주는 사람이 좋고, 흐트러진 모습도 매력으로 뵈주는 그런 사람이 좋다. 누구에게나 먼저 손 내밀 줄 알고 늦더라도 말없이 기다려 줄 줄 아는 넓은 가슴의 소유자가 좋고, 힘들어하는 사람에게 어설픈 위로의 말보다 박꽃 같은 웃음으로 대하는 배려심이 많은 사람이 정말로 나는 좋다. 표정으로, 행동으로 상대방의 마음을 읽고 웃음으로 대화를 하고 손짓 하나로도 마음을 나눌 수 있는 감각 있는 그런 사람이면 더욱 좋다.

자식들 뒷바라지가 끝난 후의 삶은, 죽어도 여한을 남기지 않을 일을 하면서 살라고들 말한다. 못 한다, 안 된다는 핑계를 만들며 나를 내 속에 가두지 말고 마음이 시키는 대로 즐기며 살아보자. 이런들 어떻고 저런들 어쩌랴. 내가 즐겁고 행복하면 그것이 최고이고 멋진 삶인 것을.

백세시대니 아직도 살날이 많다. 지금부터는 가슴에 꼭꼭 숨겨 두었던, 내가 정말로 해 보고 싶은 것들을 제대로 즐기며 살아보자. 아직은 살아온 만큼 살 수 있을 나이에 무엇이 두려울까마는 하루가 다르게 흐려져 가는 총기와 균형을 잃어가는 몸을 볼 때마다 자꾸만 움츠러듦은 어쩔 수 없는 일.

그래도 사소한 것에 만족할 줄 알고 누군가의 멋진 모습을 보면 마음껏 손뼉 쳐줄 여유를 가졌으니 무엇이 걱정일까. 잘하고 못하는 것은 각자의 몫. 그 어떤 것보다 하고 싶은 일에 과감하게 도전하고 싶은 열정만은 생을 마감하는 그날까지 마르지 않는 샘물이기를 간절히 바랄 뿐이다.

그럼에도 불구하고

　보도블록 틈에서 자란 개망초 한 포기가 꽃을 피웠다. 작은 키에 겨우 보이는 꽃을 매달고는 당당하게 서 있다. 넓고 기름진 곳에 자리를 잡았으면 좋았을 것을, 안쓰러워하는 나와는 달리 볼 때마다 웃고 있는 모습이 그녀를 닮았다.
　개망초 꽃을 닮은 그녀는, 싹싹하고 정이 많아 주변에는 늘 사람들로 북적였다. 아이들을 키우며 온갖 부업을 하던 그녀가, 매사에 의욕이 없는 남편을 대신해서 생활전선에 뛰어들었다. 한 푼이라도 더 벌기 위해 밤낮 가리지 않고 억척을 떨더니 대형버스가 그녀의 발등 위로 지나가는 사고를 당했다. 다행히 뼈는 멀쩡해서 금방 나을 줄 알았던 발등은 두 달이 지나도록 애만 태웠다. 병원 신세가 길어지니 답답하고 속상한 마음을 장문의 편지로 나에게 써 보냈다. 신세 한탄과 당시의 상황을 담담하게 적은 끝장에, 짓이겨 터진 발이 다 아물면 나와 삼겹살이 먹고 싶다고 했다. 상추 위에 잘 구워진 삼겹살과 마늘이랑 풋고추를 올리고 쌈장 찍어 싸서는 입이 찢어지도록 먹고 싶다고 했다. 죽다 살아온 친구니까 삼겹살은 네가 사라던 그녀가, '너는 남들보다 일찍 많은 것을 누리고 사니 지금 죽어도 한이 없겠다'라며 편지의 끝을 맺었다.

가진 것들이 하찮아 보일 때면 그녀를 생각한다.

먹고 살기에 바빠 남들이 업신여기는 일을 하면서도 당당했던 그녀와 한 고랑을 김 다 매고 겨우 숨을 돌릴 때쯤 다시 고개를 든다는 개망초의 끈질긴 생명력 앞에 괜히 부끄러워진다. 그들에게는 어떤 환경도 핑계고 보이는 것이 다가 아닌 것을 뿌리로 말해 주는데, 아직도 가지지 못한 것에 미련을 두고 핑계 만들며 불만을 품고 사는 나를 보며 그녀는 또 무어라 말을 할까.

이 순간, 개망초 꽃을 닮은 달걀 프라이가 먹고 싶다.

윙크

 밤늦게 들어온 남편이 나를 보며 한쪽 눈을 찡긋한다. 미안함을 표현하는 행동이다. 상대방을 보며 한쪽 눈을 감는다는 것은 한쪽 눈으로 당신의 좋은 점만 보고, 사소한 잘못은 살짝 눈감아 주겠다는 깊은 뜻이 담겨 있다고 했다. 나의 수다도 허투루 듣는 법이 없는 남편은 언제인가 누군가에게서 듣고 전해준 이야기를 잊지 않고 기억했다가 내가 싫어하는 일을 했거나 나를 서운하게 한 일이 생길 때마다 눈을 찡긋하며 웃는다. 가끔은 너무 미워 짜증을 내다가도 양쪽 눈을 번갈아 찡긋대며 내가 웃을 때까지 너스레를 떠는 모습에 금방 화가 풀리기도 한다.

살다 보면 서로에게 실망할 때가 있다. 그럴 때마다 나는 오래전에 서운하게 했던 일까지 들추어내어 상대방을 힘들게 했다. 잘못이 아니라 나와 달라서라고 생각하면 모든 것이 이해가 되는데 알면서도 별난 성격 탓에 상처를 주며 살았다. 얌체같이 구는 사람을 보면 면전에서 구박을 하고, 행동보다 말이 앞서는 사람을 보고도 서슴지 않고 핀잔을 주었으며, 작은 것으로 생색내고는 준 만큼 돌려주지 않는다고 서운해하는 마음을 읽을 때면 다시는 보고 싶지 않다는 생각으로 멀리했다.

우리는 누군가에게 서운함을 느낄 때면 내 마음 같은 사람이 없다고 말한다. 입안의 혀도 깨무는데 하루에도 수십 번 변하는 감정을 갖고 사는 사람이니 어찌 생각하는 것이 다 같을까. 자주 만나 정을 주고받은 사람에게서 듣는 서운한 한마디는 오래도록 기억에 남는다. 마음을 준 만큼 기대도 크고, 특별한 대접을 받고 싶은 마음 때문이다. 작은 일들로 실망하게 되고 그것들이 쌓여 무관심이란 벽을 만드는 순간, 누구나 보상심리가 생기면서 좋은 인연으로 기억되기엔 늦어버린다.

나이가 들어 보니 나도 누군가에게 미운 사람일 때가 수도 없었으리라는 생각에 가슴이 뜨끔하다. 순간의 감정을 다스리지 못해 조그만 일에도 민감하게 굴며 얼마나 많이 짜증을 부렸던가. 진즉에 역지사지를 실천하며 살았어야 했는데 뒤늦게 후회해 보지만 씁쓸한 마음 달랠 길이 없다.

한쪽 눈으로 보는 것들은 두 눈으로 볼 때보다는 흐려 보인다. 광고의 문구처럼 어떤 일도 묻지도 따지지도 말고 보이는 만큼만 믿으면 누구에게나 서운함을 살 일은 없다고 했다. 아무리 좋은 사람도 한두 가지의 단점은 있고, 열심히 기획해서 일을 진행해도 부족한 부분은 있기 마련. 좋아하는 사람은 난섬마서도 내럭으로 보이고, 아끼는 물건은 티끌마저도 신기해 보이는 법이다.

사람은 상대적이다. 나에게 데면하게 구는 사람은 나도 그를 그렇게 대했기 때문이다. 아니라 하면서도 얼굴에 감정을 그대로 드러내며 살았던 내가 아닌가.

여태껏 나를 힘들게 했던 사람들이나 나로 인해 상처받았던 그들에게 오늘부터 한쪽 눈을 감고 보는 연습을 해야겠다. 한쪽 눈을 감다 보며 입꼬리가 저절로 올라간다. 아무리 미운 사람도 한쪽 눈을 감고 미소를 머금은 얼굴로 바라보면 그들도 나를 보고 웃게 될 것이다.

'우리는 다른 사람의 말을 절반만 듣고, 들은 것의 절반만을 이해하며, 이해한 것의 절반만을 믿고, 믿는 것의 절반만을 기억할 수 있다'는 말을 한쪽 눈으로 모든 사람을 보며 살아야 되는 이유로 나는 받아들이려 한다.

  오늘은 내가 귀가 시간이 늦었다. 현관문을 열어주며 언제나처럼 먼저 양쪽 눈을 번갈아 찡긋대는 남편에게 나도 윙크로 미안함을 대신했다. 한쪽 눈으로 바라본 남편이, 못 먹는 한잔 술 덕에 오늘따라 더 멋있어 보인다.

벤자민 버튼의 시간은 거꾸로 간다

약 때문일까, 그녀의 눈동자가 중심을 잃더니 쓰러지듯 벤치에 누웠다. 이내 숨소리가 평온해지며 깊은 잠속으로 빠졌다. 지금쯤 그녀는 가슴에 묻은 작은아들을 만나고 있으리라. 깊이 잠든, 하얗다 못해 파리해진 그녀의 얼굴을 물끄러미 바라보며 하루 빨리 고통의 무게가 조금이라도 가벼워지기를 바라본다.

작년 봄, 고등학교를 갓 졸업한 그녀의 아들이 아버지 차를 몰래 몰고 나가서는 운전 미숙으로 사고를 내고는 먼 길을 떠났다. 혼자 가기 서운했는지 늘 데리고 다니던 후배와 함께 가버린 아들의 사고 처리를 하고 그녀는 정신을

놓았다. 집안 살림은 물론이고 가게 일도 동생에게 맡기고는 식음도 전폐하고 종일 멍하니 하늘만 바라보며 나날을 보냈다. 텔레비전에 나오는 모르는 사람의 사고 소식에도 울고, 아들 또래의 사망사고 소식에는 온몸으로 아파했다. 만신창이가 된 그녀를 더 이상 볼 수가 없었던 남편이 병원으로 데리고 갔고 약 복용을 하면서 시도 때도 없이 자는 것이 일상이 되어 버린 그녀. 평생 할 예쁜 짓을 스무 해 동안에 다해 버리고 무심하게 가버린 아들을 이제 놓아주라며 위로하던 주변 사람들의 어줍지 않는 말이 그래도 위로가 되었는지, 세월이 약이었는지는 몰라도 일 년이 지나면서 조금씩 평정을 찾아갔다. 친구들과 여행도 다니고, 가끔 수다도 즐겼다. 어쩌다 일찍 일어나 가족들의 아침 식사도 챙겼다. 그래도 하나 있는 아들이 두 몫의 효도를 한다며 자랑을 하며 애써 깔깔대는 그녀가 가슴에 박힌 대못을 서서히 빼내고 있다고 생각했었는데….

하루가 멀다 하고 자동차 접촉사고를 내는 그녀를 걱정하는 남편과 엄마의 사소한 행동까지 신경 써주는 큰아들 생각해서 아픈 과거는 다 잊은 척 행동하던 그녀의 가슴속은 이미 새만 넘있나 보다. 아들 같은 미혼여섯 명의 목숨을 앗아간 천안함 사고를 보고 그녀가 또다시 두문불출하며 우는 나날을 보내기 시작했다. 왜 살아야 되는지, 그냥 눈물이 난다고 했다. 상처가 아물기도 전에 덧났으니 이제는 어떤 말도 위로가 되지 않나 보다. 자식을 가슴에 묻고 감히 제정신일 사람이 있을까. 애지중지 키운 자식이 순간의 실수로 고통스럽게 세상을 떠났는데 어떤 약으로 치료가 될까. 잘은 몰라도 지우려 할수록 아른거리는 아들의 환영에, 하루에 열두 번도 더 그녀의 무관심으로 인해 생긴 사고라 자책하며 가슴을 쳤으리라.

어떤 일도 즐겁지 않다는 그녀의 목소리가 허공에 흩어진다. 소리 내어 웃지만 그리움이 얼룩진 눈동자는 초점을 잃었고, 사고의 능력마저 제 기능을 잃은 지 이미 오래다.

가늠할 수 없는 고통을 받고 있는 사람들 틈에서 우울증까지 더해져 힘들어하는 그녀를 볼 때마다 다 자란 아들의 전사통지서를 받고 괴로워하던 「벤자민 버튼의 시간은 거꾸로 간다」는 영화가 생각난다.

부유하지는 않지만 단란한 가정이었던 시계수리공 부부에게 하나 있던 아들이 장성해 입대를 했다. 얼마 지나지 않아 아들의 전사통지서와 함께 불행이 찾아왔다. 지하철 역사에 걸 시계 부탁을 받은 그는 아들과 함께 살았던 행복했던 시절로 돌아가고 싶은 간절한 마음을 담아 거꾸로 가는 시계를 만든다. 역사가 완공되고 시계는 역의 한 면에 걸렸다.

장면이 바뀌면서 노인의 형상을 한 아기가 태어났다. 벤자민 버튼이다. 끔찍한 형상을 한 아기는 부모에게 버림을 받고, 복지관에서도 괴물 취급을 받으며 버려질 위기에 놓이지만 마음이 따뜻한 흑인 복지사가 몰래 키운다. 아기는 시계공의 바람처럼 거꾸로 나이를 먹으며 살게 된다. 결혼할 나이가 되어 어릴 때 복지관에서 같이 자란 여자와 결혼을 하고 예쁜 딸을 낳아 기르면서 행복도 잠시, 버튼의 기막힌 운명으로 가족들과 생이별을 하게 된다. 무심하게 세월은 흘러 버튼이 어린아이가 되었다. 내가 누구인지도 모른 채 거리를 떠돌던 아이는 복지관에 다시 들어오게 되고, 그가 버튼인 것을 알게 된 부인의 지극한 보살핌을 받으며 살다가 편안하게 생을 마친다.

삶이 너무 힘들어 지칠 때면 누구나 행복했던 순간으로 돌아가고 싶다는 생각을 한다. 실수를 하고 실패를 할 때도 다시 되돌릴 수만 있다면 얼마나 좋을까 생각하며 후회를 한다. 되돌릴 수 없기에 더 간절한 마음, 절대로 그럴 수 없기에 더 애듯하고 아쉬움이 남는다. 쏟아진 물을 다시 담을 수도 없지만 설령 담아도 원상복구는 절대 불가능하다. 원망하고 자책할수록 힘들기만 할 뿐이다.

자식을 잃은 고통을 무엇에 비하며 무게를 어찌 저울로 달 수 있을까. 목숨은 천명이며 회자정리라는 말도 자식을 가슴에 묻거나 배우자와의 생이별을 해보지 않은 사람들의 뻔한 위로의 말일 뿐, 부모 자식 간의 인연이 죽는다고 끊어질까. 지금 이 순간에는 하늘이 무너지고 살아 숨 쉬는 것이 고통일지라도 산 사람은 살아야 되는 것이 순리인 것을….

하루 빨리 그녀가 편안한 일상으로 돌아오기를, 가슴에 묻은 아들이 그녀의 품에서 영원히 영면하기를 기원해 본다.

말의 위력

 친구들과 오랜만에 만나 정담을 나눈다. 더할 것도 뺄 것도 없고 무슨 말을 해도 이해 못 할 것도 없는 사이. 너무 편해서일까. 한 친구가 양손으로 찻잔을 잡은 친구에게 니 손은 참 예쁘다는 말을 불쑥했다. 그 말을 들은 친구가 그래, 나는 손만 예쁘다며 눈을 흘겼다. 당황한 친구가 얼굴도 예쁜데 내가 말을 잘못해서 미안하다 했지만 이미 감정이 상한 친구가 얼굴 못생긴 것을 아는데 손은 예뻐서 내가 더 미안하다며 정색을 했다. 말 한번 잘못하여 어색해진 분위기에 어쩔 줄 모르는 친구를 보며 옛 생각에 잠긴다.
 봉사활동을 열심히 하던 시절, 구청에서 레크리에이션에

관심이 있는 사람들을 모집해서 무료로 강의를 해 주더니 봄, 가을 두 번 시각장애인들의 사회적응 훈련 나들이에 봉사를 부탁했다. 네 명이 팀이 되어 활동을 시작했다. 보이지 않으니 오가는 길을 지루하지 않게 해 주고 원하는 곳에 도착해서는 그곳 관계자들의 도움을 받아 음향기기를 설치하고 게임도 하고 장기자랑 등을 진행하며 무사히 하루를 보내는 것이 우리가 할 일이다. 처음에는 서로가 낯설어 두서가 없었는데 한두 해 하다 보니 친해졌고 무엇을 좋아하는지도 알게 되니 스스럼없는 사이가 되었다.

단풍이 유난히 고왔던 그해 가을, 오래된 은행나무가 유명한 용문사로 적응훈련을 간다기에 봉사보다 잿밥에 더 마음이 가서 만사를 제쳐두고 함께 나섰다. 몇 년을 함께 했으니 익숙해진 분위기에 봉사자들이 돌아가며 마이크를 잡고는 제각각 특유의 입담을 뽐내며 용문산 국립공원에 도착했다. 준비해 간 게임을 하고 장기자랑도 시키며 함께 즐기고 돌아오는 길에 선물이 남았으니 알아서 나누어 주라며 마이크를 건네는 회장님 말씀에, 무엇을 할까 고민을 하다가 그들이 제일 좋아하는 노래를 시키기로 하고 선착순 몇 분에게 선물을 드린다고 했더니 서로가 먼저 하겠다고 난리다. 맨 앞자리에 앉아있던 총무님은 양손을 들고 고함까지 질러대는데 그 모습이 너무 우스워 '우리 총무님이 상품에 눈이 멀어 제일 먼저 손을 드셨습니다, 봐 드릴까요?' 말을 끝내는 순간, 시각장애인에게 상품에 눈이 멀었다고 했으니 어떻게 수습을 해야 할까 침묵이 흐르는데 갑자기 회장님이 큰소리로 웃으며 우리 총무가 상품에 눈이 멀었다네. 사회자님, 참 센스 있으시다며 손뼉을 쳤다. 회장님의 너스레로 다들 한바탕 웃는 것으로 내 실수는 없었던 일이 되었지만 부끄럽고 민망하여 온몸이 땀으로 젖은 채 정신없이 행사를 끝냈다. 무사히 돌아와 회장님께 한 말씀하시라며 마이크를 건네니 '나는 세상에 무서운 것이 없어요, 왜냐면 눈에 보이는 것이 없거든요'라며 특유의 웃음을 지으시고는 매번 함께 해 주어 너무 감사하다는 인사를 끝으로 모든 일정이 끝났다. 편하다고, 잘 안다고, 함부로 말하고 행동해서 부끄럽고 염치가 없었는데 떨리는 내 숨소리로 나의 마음을 읽어주고 위기를 면하게 해 주신 회장님을 생각하면 마음이 따뜻해져 웃게 된다.

  봄꽃이 지천이던 봄에 상주 문경새재로 사회 적응을 간 날, 처음 보는 신사분이 차에 오른다. 자리를 찾아 안내하고 너무 깔끔하고 단정해서 장애인이라는 것이 믿기지 않아 조용히 옆자리에 앉았는데, 옆에 계신 분이 누구냐며 말을 걸어온다. 봉사자라며 뭘 도와드릴까 물었더니 그냥 궁금해서라며 웃었다. 게임이며 퀴즈에는 관심이 없더니 궁금해하는 내 마음을 읽었는지 자신이 시력을 잃게 된 사연을 털어놓는다. 몇 년 전에 이유 없이 고열이 나더니 아무것도 보이지 않았다고, 처음에는 죽을 것처럼 두려웠는데 적응되니 마음도 편해졌고 눈 대신 마음으로 모든 것을 보는 능력이 생기더라 했다. 한참을 듣고만 있다가 대단하시다고 한마디 했더니 내 목소리를 들으니 얼굴도 예쁘고 마음씨는 너 고운 사람 같나며 활짝 웃었나.

그들과 함께 걸을 때는 한 발짝 앞서서 팔 하나를 내어주면 된다. 내 팔을 살짝 잡고 문경새재를 걸으며 나는 보이지도 않는 것들을 말했다. 물소리가 큰 것을 보니 계곡이 깊고, 어느 곳에서 어떤 새가 울고 있고, 바람이 나뭇가지에 부딪히는 소리를 듣고 바람의 세기를 말하니 누가 보고 못 보는 사람인지 그 순간에는 내가 아무것도 못 보는 사람으로 착각이 들 정도였다. 문경새재 1관문까지 갔다 오는 내내 소리로 마음으로 자연을 보는 법을 배웠다. 차분하게 집중하면 눈으로 보는 것보다 더 많은 것을 느끼고 듣게 되고 알게 된다는 것을 또 알았다.

식사 시간에는 손을 잡고 밥상에 있는 것들을 순서대로

짚어주며 이름을 말해 주면 된다. 반찬들과 국밥을 순서대로 알려주고 물컵의 위치까지 챙기고 멀리 떨어진 곳에서 지켜보니 보이는 듯이 정갈하게 식사를 했다. 보이는 것이 다인 줄 알았고, 보는 것으로 다 아는 것처럼 처신하고 안 보인다고 아무것도 모를 것으로 생각했던 지난날들이 참 부끄러웠던 날, 그래도 그들을 위해 최선을 다하고 무사히 돌아오니 얼굴만큼 음식 솜씨도 좋을 것 같다는 칭찬과 함께 가을에도 꼭 뵙기를 원한다며 내 손을 꼭 잡았다. 헤어질 때면 3~40명의 손을 일일이 잡아주고 안아주며 보이지는 않지만 보는 것처럼 환하게 웃는다. 이런 내 모습을 못 본다고 생각했는데, 부끄러운 마음 들킬까 봐 더 큰 목소리로 작별인사를 했었다.

냉골인 방에는 군불이 답이다. 손'도' 예쁘다고 했으면 앞뒤 들어보지 않아도 칭찬 일색일 텐데 손'은' 예쁘다고 했으니 나머지는 다 못생겼다는 말이 되어버렸네. 우리 친구들은 얼굴도 손도 마음도 너무 예뻐서 탈이라며 너스레를 떨어대니 그제야 다들 맞장구를 치며 웃는다. 친하다고, 잘 아는 사이라고 편하게 말하다 보면 이런 실수 누구라도 하게 된다. 수다를 떨다 보면 생각지 않게 속마음이 불쑥 나올 때도 있다. 작정한 것은 아니지만 말해놓고 서운해하는 상대방을 보며 어쩔 줄 몰라 또 안 해도 될 말을 하며 난처해할 때, 나의 진심을 알아주며 말주변이 없다는 말로 에둘러주는 사람을 만나면 세상을 다 얻은 듯이 든든하다.

  큰 실수도 너털웃음으로 덮어주며 깨닫게 해 주고, 작은 배려를 큰 칭찬으로 보답해 주던 그들을 생각하면 든든한 내 편이 많아 부자가 된다. 친구들에게 그들 흉내를 내며 더불어 행복한 날, 마음으로 자연을 느끼고 목소리로 마음을 읽어주던 그들이 보고 싶다.

안녕하세요. 수필가 이성숙의 첫째 딸입니다.

일기 쓰기를 정말 싫어했던 초등학생이 그대로 자라 글쓰기와 거리를 두고 살아왔지만, 엄마의 첫 출간 소식에 용기를 내어 몇 자 적어봅니다.

엄마는 말이 참 많은 사람입니다. 그런데도 감정표현엔 서툰 사람입니다. 칭찬에 인색하고 애정을 표현하는 게 유독 서툽니다. 어릴 땐 무심하게만 느껴지는 엄마에게 너무 섭섭했었는데 이젠 눈 맞춤만으로 삼킨 마음을 알아차릴 수 있을 만큼 시간이 흘렀네요. 그 엄마에 그 딸이라고. 그동안 표현하지 못했던 마음을 이 글 속에 녹여보려 합니다.

"엄마, 사랑해요." "무엇을 하든 항상 응원합니다. 당신이 자랑스러워요!" "최고의 수필가 이성숙! 두 번째, 세 번째…. 백 번째 출간까지 가자!"

글을 쓰며 속에 담아뒀던 감정을 터놓을 기회를 얻고 들어주는 독자(讀者)가 있어 외롭지 않았겠다 싶어 마음이 놓입니다. 무심한 딸을 대신하여 수필가 이성숙의 이야기를 들어주시고 마음을 읽어주신 모든 독자에게 감사드립니다.

나만의 쉼표

2024년 6월 15일 초판 발행

지은이 / 이성숙

발행인 / 강병욱
발행처 / 도서출판 교음사
편 집 / 수필문학사

03147 서울 종로구 삼일대로 457 수운회관 1308호
Tel (02) 737-7081, 739-7879(Fax)
e-mail : gyoeum@daum.net
등록 / 제2007-000052호

* 잘못된 책은 바꿔 드립니다. 값 15,000원

ISBN 978-89-7814-987-7 03810